大学·中庸译注

（春秋）曾子（战国）孔伋 著

樊东 译注

北京联合出版公司
Beijing United Publishing Co.,Ltd.

图书在版编目（CIP）数据

大学 · 中庸译注 ／（春秋）曾子，（战国）孔伋著；樊东译注．—北京：北京联合出版公司，2015.7（2023.8重印）
ISBN 978-7-5502-4162-6

Ⅰ.①大… Ⅱ.①曾… ②孔… ③樊… Ⅲ.①儒家②《大学》－译文③《中庸》－译文 Ⅳ.①B222.1

中国版本图书馆CIP数据核字（2015）第143999号

大学 · 中庸译注

作　　者：（春秋）曾子　（战国）孔伋
译　　注：樊　东
出 品 人：赵红仕
选题策划：梁明德　邵鹏军
责任编辑：王　巍
特约编辑：刘文硕
封面设计：格林文化
版式设计：格林文化

北京联合出版公司出版
（北京市西城区德外大街83号楼9层　100088）
三河市延风印装有限公司　新华书店经销
字数50千字　960毫米×640毫米　1/16　印张8.75
2015年9月第1版　2023年8月第3次印刷
ISBN 978-7-5502-4162-6
定价：26.00元

目　录

大　学

中　庸

前　言

"大学"，朱熹谓之"大人之学"。古代八岁入小学，十五岁入大学。大学是古代的最高教育机构。"庸"，同"用"。"中庸"，即"用中"，是一种行为方法或德行。"中庸"即指把握事物的标准而不偏激，做到恰到好处。

《大学》和《中庸》原为《礼记》中的两篇，《大学》在唐代以前尚未独立成书。到了唐代，韩愈开始将《大学》单篇抽出而详细加以注释，以宣扬其政治思想。而《中庸》则在汉代已经被人所重视，《汉书·艺文志》中著录有《中庸说》二卷，唐代推崇《中庸》的人很多，加以注释的人也很多。北宋初年，《大学》《中庸》又得到程颢、程颐、王安石等人的极力尊崇。南宋时，朱熹将《大学》《中庸》收入《四书》当中。元代时，《四书》成为科举教科书和各级学校必读之书。

《大学》的作者至今没有定论，程颐认为《大学》是孔氏遗书，而朱熹认为经文一章"盖孔子之言，而曾子述之"，传文十章"则曾子之意而门人记之也"。

关于《中庸》的作者，一般认为它出自子思之手。司马迁曾说子思作《中庸》，宋代理学大家也认为《中庸》

为子思所作。近代学者对《中庸》的作者是子思产生了疑问，因为第二十八章“生乎今之世，反古之道”“今天下车同轨，书同文，行同伦”两句话明显带有秦代时期的印迹，因此有人认为《中庸》是秦代作品；也有人认为是子思所作，只是混入了秦人文字。从目前的研究成果来看，现存《中庸》应为子思所作，可能经过秦代儒者的修改写定。

《大学》的内容主要讲所谓的“大学之道”以及修身程序和内在逻辑关系。《大学》的分章，朱熹认为《礼记》中的内容存在很多错简，故而依据程颢所定的章节而重新做了分章，并对《礼记》中的次序做了改动，分为十二章。实际上，分为十二章是可以根据章节的大意决定，但次序的改动还有值得商榷的地方。《大学》的前两章是总纲,包括朱熹所谓的“三纲领”和“八条目”。“三纲领”即“明明德”“亲民”“止于至善”;“八条目”即“格物”“致知”“诚意”“正心”“修身”“齐家”“治国”“平天下”。后十章是围绕前两章展开的，是解释前两章。学者一般都认为前两章是经，后十章是传。所以在本书里将朱熹原分的一、二章合为一章，计十一章。

《中庸》在宋代之前是不分章的，朱熹在《四书章句集注》中将其分为三十三章。后之学者也有不同的分章方法，这主要因为《中庸》的内容比较复杂。《中庸》开篇就提出了“中”的概念，接着就围绕“中”来展开论述。全文分别讨论了“中庸”“修身”“修德”“治国”“诚”“圣人之德”“君子之德”等内容；并提出了“命”“性”“慎独”“中和”“大本”“达道”“达德”“时中”“鬼神”“尊德性”“道问学”等概念。宋代以来的很多理学家都把《中庸》推崇很高，将其视为“孔门传授心法”，认为其“终身用之，有不能尽之”。而欧阳修等人则认为“中庸”并没有理学家所推崇的那么高，其实理学家是“虚言高论而无益”。

自从唐代以后，《大学》和《中庸》得到重视，学者对其研究的成果很多。对于《大学》,除了我们熟知的《四书章句集注》以外,还有很多,如宋代司马光《大学广义》、金履祥《大学疏义》,元代许衡《大学直解》和黎立武《大学发微》《大学本旨》,清代毛奇龄《大学证文》、李光地《大学古本说》。关于《中庸》的研究更早,如《汉书·艺文志》中著录有《中庸说》两卷，司马光（《中庸广义》）、许衡（《中庸直解》）、黎立武（《中庸指归》）等人也各有建树。

本次译注主要参考朱熹《四书章句集注》，同时也吸取了其他研究成果，以直译为主，意译为辅，力求尽可能正确地将原文的意思表达清楚。但是因为本人力之所限，不可避免会出现一些错误和瑕疵，敬请读者朋友批评和原谅。

樊东

2012年11月

大学

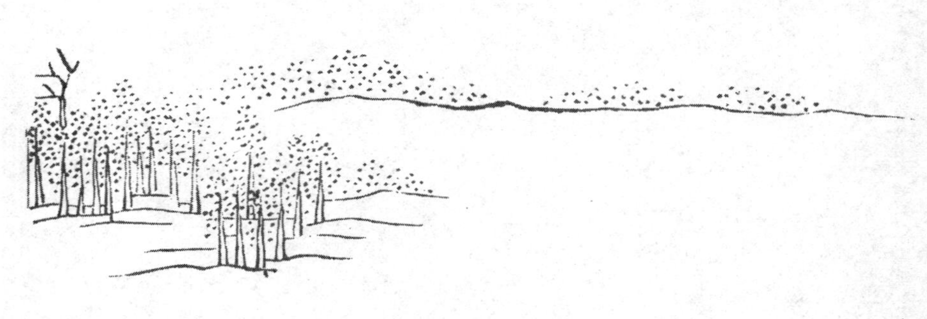

第一章

原文

大学之道[1]，在明明德[2]，在亲民[3]，在止于至善。知止而后有定，定而后能静，静而后能安，安而后能虑，虑而后能得。物有本末，事有终始，知所先后，则近道矣。

古之欲明明德于天下者，先治其国；欲治其国者，先齐其家；欲齐其家者，先修其身；欲修其身者，先正其心；欲正其心者，先诚其意；欲诚其意者，先致其知[4]；致知在格物[5]。

物格而后知至，知至而后意诚，意诚而后心正，心正而后身修，身修而后家齐，家齐而后国治，国治而后天下平。

自天子以至于庶人，壹是皆以修身为本[6]。其本乱而末治者否矣，其所厚者薄，而其所薄者厚，未之有也。

注释

①大学：朱熹谓之“大人之学”。古代八岁入小学，十五岁入大学。大学是古代的最高教育机构。

②明明德：彰显光明之德。明德，光明之德，美德。

③亲：当作“新”，即革新的意思。

④致其知：获取知识。

⑤格物：指推究万物的规律。格，推究、研究。

⑥壹是：一切，一律。

译文

大学的宗旨在于彰显光明之德，在于革新人民的思想，在于追求至善的境界。知道了追寻至善过程中所要停留的位置之后，才能确定目标；确定目标之后，思想才能沉静下来；思想沉静下来之后，心才能有所安；心有所安之后，才能开始思虑；思虑之后，才能有所收获。世间万物都有它的根本和末节，万事都有它的开始和终结。知道事物之间的次序，那么距离“道”这个万事万物的规律就很近了。

古代想使光明之德能够在天下得以彰显和弘扬的人，先治理好自己的国家；想治理好自己的国家者，要先治理和整齐自己的家族；想治理好自己的家族者，先要修洁自身；想修洁自身者，先要端正自己的心；想端正自己的心，要先使自己的意念真诚；想做到意念真诚，先要获取知识和智慧；获取知识和智慧的途径就是认识和推究万事万物。

摸透和了解事物之后就能进一步获得知识和智慧，获得知识和智慧之后就能进一步使意念真诚，意念真诚之后就能进一步使内心端正，内心端正之后就能进一步达到修身的目的，自己做到修身之后就能进一步实现家族的治理和整齐，家族得到治理之后就能进一步去实现国家的治理，国家治理好之后就能进一步实现天下的平定。

上至天子，下至普通老百姓，都要以实现和提高自身的修养为根本。根本乱了，而想使其末梢和枝节得到治理，这是不可能的；所重视的是细枝末节，所轻视的是根本，从没有这种道理。

第二章

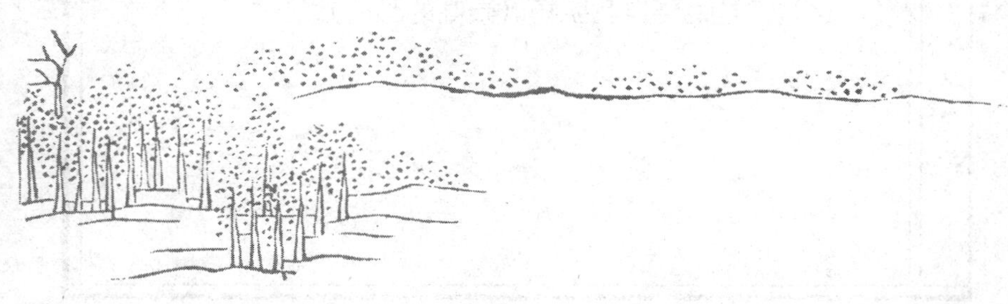

原文

《康诰》曰[1]："克明德[2]。"《太甲》曰[3]："顾諟天之明命[4]。"《帝典》曰[5]："克明峻德。"皆自明也。

注释

①《康诰》:《尚书·周书》中的一篇，记载周公封康叔之诰辞。

②克：能够。

③《太甲》:《尚书·商书》中的一篇，记载夏王太甲的事迹。

④顾諟 shì：顾，指顾念。諟，古"是"字，正也。

⑤《帝典》：即《尚书》中的《尧典》。

译文

《康诰》中说："能够彰显德行。"《太甲》上说："顾念这上天的明命。"《帝典》上说："能够彰明大德。"这些都是说要自我弘扬（崇高的品德）。

第三章

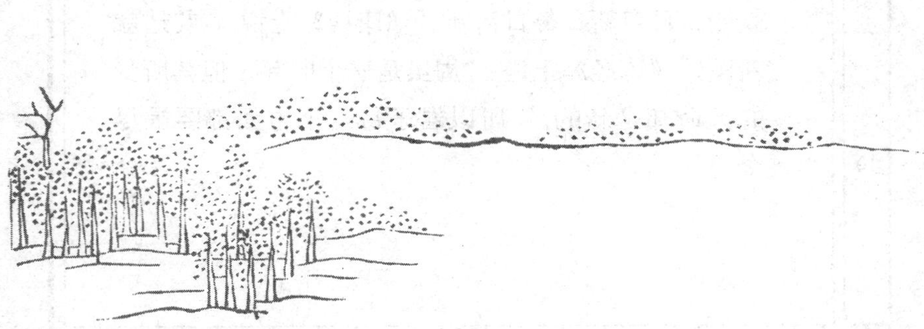

原文

汤之《盘铭》曰[①]："苟日新[②]，日日新，又日新。"《康诰》曰："作新民。"《诗》曰[③]："周虽旧邦，其命维新[④]。"是故君子无所不用其极。

注释

①汤：即商汤，商代开国君主。

《盘铭》：刻在盘子里的铭文。

②苟日新：假如一天自新。

③《诗》：这里指的是《诗经·大雅·文王》。

④周虽旧邦，其命维新：周从后稷建国算，至文王已有一千多年，所以是"旧邦"；但武王灭纣，夺取天下，因此又是新的。维，助词，无义。

译文

商汤《盘铭》的铭文里说："如果能一日自新，就能日日自新，每日自新。"《康诰》上说："要造就新民。"《诗经》上说："周虽是一个旧邦，但其所受的天命却是新的。"所以君子每一个方面都要竭尽全力。

第四章

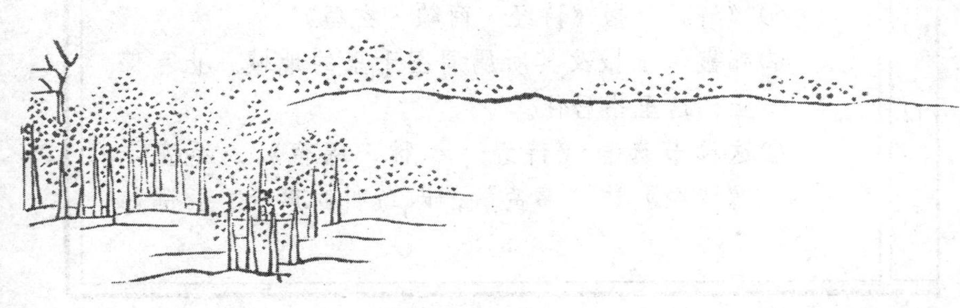

原文

《诗》云[1]:“邦畿千里,维民所止[2]。”《诗》云:“缗蛮黄鸟,止于丘隅[3]。”子曰:“于止,知其所止,可以人而不如鸟乎?”《诗》云:“穆穆文王,於缉熙敬止[4]!”为人君,止于仁;为人臣,止于敬;为人子,止于孝;为人父,止于慈;与国人交,止于信。

《诗》云[5]:“瞻彼淇澳,菉竹猗猗[6]。有斐君子[7],如切如磋[8],如琢如磨[9]。瑟兮僩兮[10],赫兮喧兮[11]。有斐君子,终不可諠兮[12]!”如切如磋者,道学也;如琢如磨者,自修也;瑟兮僩兮者,恂慄也[13];赫兮喧兮者,威仪也;有斐君子,终不可諠兮者,道盛德至善,民之不能忘也。

《诗》云[14]:“於戏[15],前王不忘!”君子贤其贤而亲其亲,小人乐其乐而利其利,此以没世不忘也。

注释

①《诗》:指《诗经·商颂·玄鸟》。

②邦畿:王城及其所属周围千里的地域。止:停止,这里指居住。

③这段节选自《诗经·小雅·绵蛮》。缗蛮:《诗经》作“绵蛮”,即鸟叫的声音。丘隅:

即山丘的角落。

④这段节选自《诗经·大雅·文王》。穆穆：形容仪容或言语和美。於缉熙敬止：於wū，感叹声。缉，继续。熙，光明之貌。敬止，朱熹解为“言其无不敬而安所止也”。

⑤《诗》：指《诗经·卫风·淇澳》。

⑥瞻：看。淇：卫国河流名。澳：水边弯曲处。菉：同“绿”。猗猗：美丽茂盛的样子。

⑦有斐：即有文采。

⑧切：加工骨器称为切。磋：加工象牙称为磋。

⑨琢：加工玉器称为琢。磨：加工石器称为磨。

⑩瑟兮僴 xiàn 兮：瑟兮，庄严矜持的样子。僴兮，壮勇、威武的样子。

⑪赫兮喧兮：赫兮，显赫的样子。喧兮，盛大的样子。

⑫諠：借为“谖”，忘记。

⑬恂慄：恐惧战栗。

⑭《诗》：指《诗经·周颂·烈文》。

⑮於戏：类似于“呜呼”之类的叹词。

译文

《诗经》上说：“千里王畿之地，是老百姓所居处的地方。”《诗经》上说：“那绵蛮鸣叫的黄鸟，停在山丘的一角上。”孔子说：“鸟都知道停留在它所应该停留的地方，人难道连黄鸟都不如？”《诗经》上说：“仪容、言语和美的文王，光明磊落，又始终庄重谨慎！”身为人君，要停留在仁爱的位置；身为人臣，要停留在恭敬的位置；身为人子，要停留在孝顺的位置；身为人父，要停留在慈爱的位置；与人交往，要停留在诚信的位置上。

《诗经》说：“看那淇水的拐弯之处，绿竹茂盛。那文采斐然的君子，如同在制作各种器具一样反复切磋琢磨。既威武庄严，又显赫盛大。这样文采斐然的君子，让人难以忘怀！”如切如磋，是那君子在研究学问；如琢如磨，是君子在自修。庄严矜持、威武雄壮，使人战栗而生敬畏；显赫盛大，使人感受到他的威仪。文采斐然的君子，始终让人难以忘怀，这是因为他道德盛大而又至善至美，老百姓不能忘怀。

《诗经》说：“呜呼！前代的圣王，让人难以忘怀！”君子尊重贤人而爱他的亲人，平民享受其安乐和获取利益，所以都终身难忘。

第五章

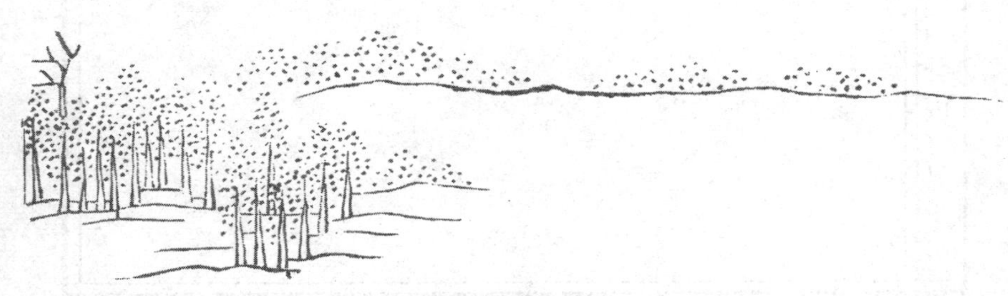

原文

子曰："听讼，吾犹人也，必也使无讼乎[①]！"无情者不得尽其辞[②]。大畏民志，此谓知本。

注释

①这段话节选自《论语·颜渊》。听讼：即审理诉讼。

②无情者：性情狡诈虚伪的人。

译文

孔子说："审理诉讼，我和别人一样，会努力使社会上不再有诉讼！"使性情狡诈虚伪的人不能狡辩，使老百姓民心慑服，这叫知道本分。

第六章

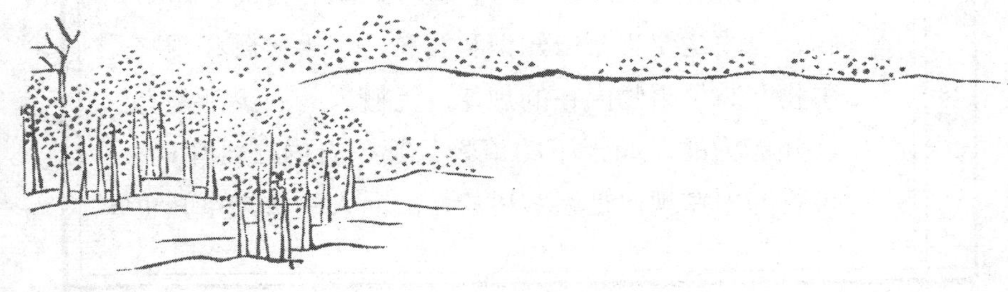

原文

所谓致知在格物者，言欲致吾之知，在即物而穷其理也[①]。盖人心之灵莫不有知，而天下之物莫不有理，惟于理有未穷，故其知有不尽也。是以大学始教，必使学者即凡天下之物，莫不因其已知之理而益穷之，以求至乎其极。至于用力之久，而一旦豁然贯通焉，则众物之表里精粗无不到，而吾心之全体大用无不明矣。此谓物格，此谓知之至也。[②]

注释

①即物：指接近和观察事物。理：这里是指事物内在的规律。

②这一节为朱熹取程颐之意所作的补传，反映了朱熹的完整认识论。

译文

所谓的获取知识和智慧在于认识和推究万事万物，说的是要想获取知识和智慧，在于接触和观察事物而穷尽事物内在的规律。大概人的心灵都是有认知能力的，而天下的事物又都是有内在规律的。事物的内在规律是无穷尽的，故而人的认知空间也是无穷尽的。所以大学之教的开始，必定是要求学习的人接近和观察天下万物，都是在已知认识的基础上更进一步去穷尽事物的规律，以求达到认知的最高层次。长久地用功探求，而一旦豁然贯通事物之内在规律，那么万事万物的表象和本质、细微处与宏观处都能了解，而自己内心认知的一切规律就没有不明了的了。这就是探究事物，就是知识达到了顶点。

第七章

原文

所谓诚其意者，毋自欺也。如恶恶臭[①]，如好好色[②]，此之谓自谦[③]，故君子必慎其独也。小人闲居为不善，无所不至，见君子而后厌然[④]，揜其不善[⑤]，而著其善。人之视己，如见其肺肝然，则何益矣。此谓诚于中，形于外，故君子必慎其独也。曾子曰："十目所视，十手所指，其严乎！"富润屋，德润身，心广体胖，故君子必诚其意。

注释

①恶恶臭：恶wù，厌恶；恶臭èxiù，难闻的气味。

②好好色：好hào，喜好；好hǎo色，好看的颜色。

③谦：朱熹认为是指"快也，足也"，即快意，满足。

④厌然：躲闪逃避的样子。

⑤揜：同"掩"，即掩盖。

译注

所谓的使意念真诚，是不要自欺欺人。就像厌恶难闻的气味，喜好好看的颜色，都发自内心，这就叫作自我满意。所以君子哪怕在自己独处的时候都要谨慎。小人独处的时候做不好的事情，什么都敢去做；见到君子时却躲闪回避，掩盖自己不好的言行，而突出美好的。他却不知道别人看他就像看透他的肺和肝一样清楚，这种掩盖有什么益处。这就叫作内心真诚而会表现在其形体之外，所以君子在独处的时候也必须谨慎。曾子说："十只眼睛都在看着你，十只手都指着你，这是多么严厉可怕啊！"财富可以润饰屋子，德行可以润饰身心，心胸宽广，身体会胖大而显得富态，所以君子必然会使自己的意念真诚。

第八章

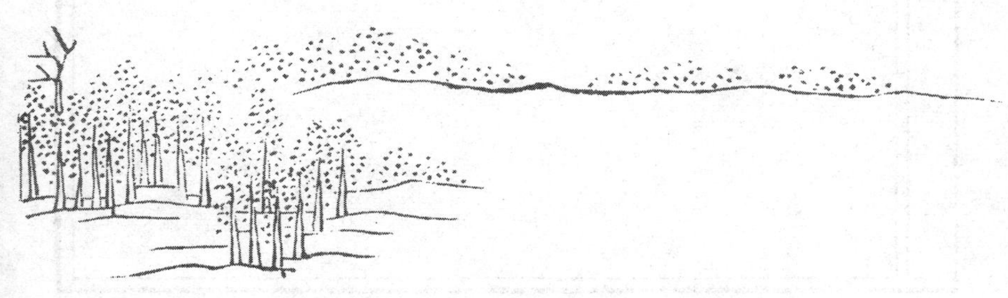

原文

所谓修身在正其心者，身有所忿懥[1]，则不得其正；有所恐惧，则不得其正；有所好乐，则不得其正；有所忧患，则不得其正。心不在焉，视而不见，听而不闻，食而不知其味。此谓修身在正其心。

注释

①忿懥zhì：亦作“忿疐”“忿懫”，愤怒。

译文

所谓的修身在于端正内心，因为愤怒，内心就不能端正；有所恐惧，则不能端正；有所嗜好，则不能端正；有所忧患，则不能端正；心不在焉，就会视而不见，听而不闻，吃了也品尝不到食物的味道。这就叫作修身在于端正内心。

第九章

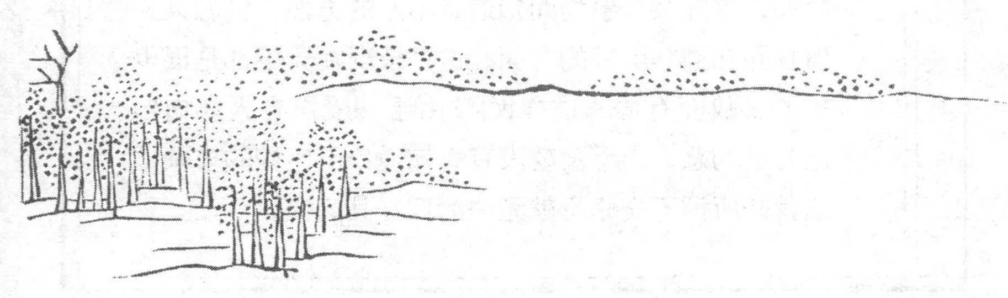

原文

所谓齐其家在修其身者，人之其所亲爱而辟焉[①]，之其所贱恶而辟焉，之其所畏敬而辟焉，之其所哀矜而辟焉[②]，之其所敖惰而辟焉[③]。故好而知其恶,恶而知其美者,天下鲜矣。故谚有之曰：“人莫知其子之恶，莫知其苗之硕。”此谓身不修不可以齐其家。

注释

①辟：读为“僻”，偏执。

②哀矜：怜悯。

③敖惰：傲慢怠惰。

译文

所谓的治理家族在于修身，是因为人对待他亲近和爱护的人会有所偏爱，对待他看不起或厌恶的人会有所偏颇，对待他敬畏的人会过分敬畏，对待他怜悯的人会有所同情，对待他傲慢怠惰的人会有所偏颇。故而，喜好某一事物而知道其不好的方面，厌恶某一事物而知道其美好的方面，这种情况在天下都是很少见的。故而有谚语这样说：“由于溺爱没有人知道自己儿子的恶，由于贪婪没有人知道自己庄稼的丰硕。”这就是所谓不先修身就无法治理好其家族。

第十章

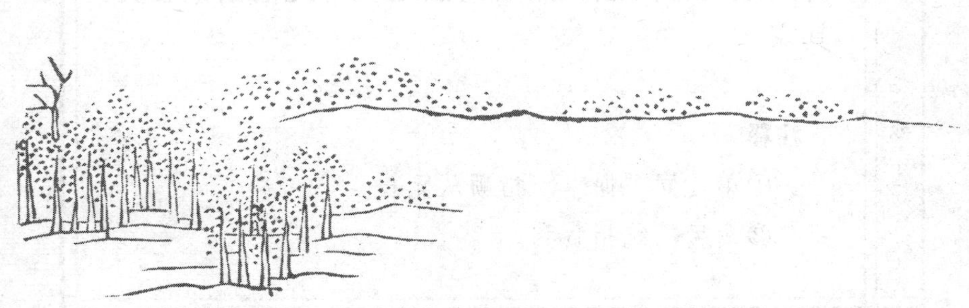

原文

所谓治国必先齐其家者，其家不可教而能教人者，无之。故君子不出家而成教于国。孝者，所以事君也；弟者[①]，所以事长也；慈者，所以使众也。《康诰》曰："如保赤子"。心诚求之，虽不中不远矣。未有学养子而后嫁者也。一家仁，一国兴仁；一家让，一国兴让；一人贪戾[②]，一国作乱；其机如此。此谓一言偾事[③]，一人定国。尧、舜帅天下以仁，而民从之；桀、纣帅天下以暴，而民从之。其所令反其所好，而民不从。是故君子有诸己而后求诸人，无诸己而后非诸人。所藏乎身不恕，而能喻诸人者，未之有也。故治国在齐其家。《诗》云[④]："桃之夭夭[⑤]，其叶蓁蓁[⑥]。之子于归[⑦]，宜其家人[⑧]。"宜其家人，而后可以教国人。《诗》云[⑨]："宜兄宜弟。"宜兄宜弟，而后可以教国人。《诗》云[⑩]："其仪不忒[⑪]，正是四国[⑫]。"其为父子兄弟足法，而后民法之也。此谓治国在齐其家。

注释

①弟：同"悌"，指顺从兄长。

②贪戾：犹指贪利。

③偾事：指败事。

④《诗》：指《诗经·周南·桃夭》。

⑤夭夭：绚丽茂盛的样子，比喻少女美好的样子。

⑥蓁蓁：草叶茂盛，泛指植物茂盛之貌。

⑦之子：犹言是子，指这个女子，此指女子之嫁者。于归：指女子出嫁。

⑧宜：适宜。

⑨《诗》：指《诗经·小雅·蓼萧》。

⑩《诗》：指《诗经·曹风·鸤鸠》。

⑪仪：仪礼。忒：差错。

⑫正：标准。四国：四方之国。

译文

所谓治理国家必须先治理好其家族，是说自己的家族都不能教化好，却能教化别人，这样的情况是不存在的。故而，君子不出家门就能完成对整个国家的教化。孝顺父母，可以用来对待君王；顺从兄长，可以用来侍奉长者；慈爱子女，可以用来役使民众。《康诰》里说："爱护老百姓要像爱护自己的婴儿一样。"若内心真诚地这样去追求，虽然达不到，但也相差不远。没有哪个女子是先学会教育好子女然后再出嫁的。国君一家仁爱，整个国家都会兴起仁爱；国君一家忍让，整个国家都会兴起忍让；国君一家贪图利益，整个国家都会犯上作乱；其引发的相互效应就是这样的。这就叫作一句话能败坏事情，一个人就可以安定整个国家。尧、舜以仁爱来领导天下，而老百姓也跟着学仁爱；桀、纣以残暴统治天下，而老百姓也跟着学残暴。他们命令的和他们所喜好的相反，老百姓就不会听从他们。所以，君子先自己做到才能要求别人做到，自己做不到的也不能要求别人去做。自己没有忠恕之心却要求别人忠恕，这是不可能的事。故而治理国家在于先治理好家族。《诗经》上说："那艳丽的桃树，叶子多么茂盛。这个女子出嫁，能使家庭和睦。"能使家人都和谐相处，然后可以教化国人。《诗经》上说："兄弟和睦。"兄弟和睦了，然后可以教化国人。《诗经》上说："他仪态上没有差错和毛病，可以作为四方之国的模范。"他能为父子兄弟所效法，然后老百姓也会效法他。这叫作治理好国家在于先治理好家族。

第十一章

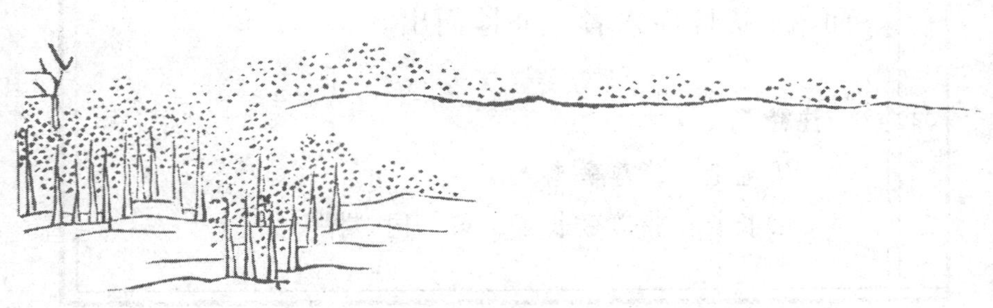

原文

所谓平天下在治其国者，上老老而民兴孝[①]，上长长而民兴弟[②]，上恤孤而民不倍[③]，是以君子有絜矩之道也[④]。所恶于上，毋以使下；所恶于下，毋以事上；所恶于前，毋以先后；所恶于后，毋以从前；所恶于右，毋以交于左；所恶于左，毋以交于右。此之谓絜矩之道。

《诗》云[⑤]："乐只君子[⑥]，民之父母。"民之所好好之，民之所恶恶之，此之谓民之父母。《诗》云[⑦]："节彼南山[⑧]，维石岩岩[⑨]。赫赫师尹[⑩]，民具尔瞻[⑪]。"有国者不可以不慎，辟则为天下僇矣[⑫]。《诗》云[⑬]："殷之未丧师，克配上帝。仪监于殷[⑭]，峻命不易[⑮]。"道得众则得国，失众则失国。是故君子先慎乎德。有德此有人，有人此有土，有土此有财，有财此有用。德者，本也；财者，末也。外本内末，争民施夺。是故财聚则民散，财散则民聚。是故言悖而出者，亦悖而入；货悖而入者，亦悖而出。

注释

①老老：指尊敬老人。

②长长：指尊敬长者。弟：同"悌"。

③恤孤：体恤孤弱的人。倍：通“背”，背弃。

④絜矩：絜，度量。矩，画直角或方形的用具，引申为法度。

⑤《诗》：指《诗经·小雅·南山有台》。

⑥只：语气词。

⑦《诗》：指《诗经·小雅·节南山》。

⑧节：借为“截”，山高竣的样子。

⑨岩岩：山石堆积的样子。

⑩赫赫：显赫的样子。师尹：指太师尹氏。

⑪民具尔瞻：具，同“俱”。尔，你。瞻，看。

⑫辟：读为“僻”，邪僻。僇：通“戮”，杀。

⑬《诗》：指《诗经·大雅·文王》。

⑭仪：借为“宜”。监：同“鉴”，指镜子。

⑮峻命：指天命。易：指改变。

译文

所谓平天下在于先治理好国家，是因为君王尊敬和赡养老者，老百姓就会兴起孝顺老者的风气；君王尊敬长者，老百姓就会兴起尊敬长者的风气；君王体恤孤弱的人，老百姓就不会背弃这样的好德行。因此，君子有做示范的方法。厌恶上级的做法，就不要以同样的方式去役使自己的下级；厌恶下级的做法，就不要用同样的方式去侍奉自己的上级；厌恶前辈的做法，就不要先于后辈而做同样的事情；厌恶后辈的做法，就不要在自己的前辈跟前做同样的事情；厌恶右边的人，就不要以同样的做法去和左边的人交往；厌恶左边的人，就不要以同样的做法去和右边的人交往。这就是所谓推己及人的絜矩之道。

《诗经》上说：“那个快乐的君子啊，是老百姓的父母。”老百姓所喜好的，他同样喜好；老百姓所厌恶的，他同样厌恶；这样的就能称得上老百姓的父母。《诗经》上说：“那高峻的南山，岩石磊磊。显赫的太师尹，老百姓都在看着你。”拥有国家的君王们不可不谨慎，偏离正道就会被天下人杀戮。《诗经》上说：“殷商在没丧失民众的拥护时，能够与上界帝君相配。最好借鉴殷商的教训，上天授予的大命才不会变易。”道，得到民众的拥护就能拥有国家，失去民众的拥护就会失去国家。所以，君子在对待德行上要谨慎。有德行就会有人民，有人民就会有土地，有土地就会有财富，有财富就会有用度。德是根本，财富是末枝。外表重德行，而内心重财富，就会与民众争夺利益而实施掠夺。所以，聚敛钱财就会使民众离散，把钱财分散给民众，就会使民众聚集在自己周围。所以，有悖常理的言语说出来就会使有悖常理的事情发生，有悖常理而获得的钱财也会有悖常理地失去。

原文

《康诰》曰:“惟命不于常!”道善则得之,不善则失之矣。《楚书》曰[1]:“楚国无以为宝,惟善以为宝。”舅犯曰:“亡人无以为宝,仁亲以为宝。”《秦誓》曰[2]:“若有一个臣,断断兮无他技[3],其心休休焉[4],其如有容焉。人之有技,若己有之,人之彦圣[5],其心好之,不啻若自其口出[6],实能容之,以能保我子孙黎民,尚亦有利哉。人之有技,媢疾以恶之[7],人之彦圣,而违之俾不通[8],实不能容,以不能保我子孙黎民,亦曰殆哉。”唯仁人放流之,迸诸四夷[9],不与同中国。此谓唯仁人为能爱人,能恶人。见贤而不能举,举而不能先,命也[10];见不善而不能退,退而不能远,过也。好人之所恶,恶人之所好,是谓拂人之性,灾必逮夫身[11]。

是故君子有大道,必忠信以得之,骄泰以失之[12]。生财有大道,生之者众,食之者寡,为之者疾,用之者舒,则财恒足矣。仁者以财发身,不仁者以身发财。未有上好仁而下不好义者也,未有好义其事不终者也,未有府库财非其财者也。孟献子曰[13]:“畜马乘不察于鸡豚[14],伐冰之家不畜牛羊[15],百乘之家不畜聚敛之臣[16],与其有聚敛之臣,宁有盗臣。”此谓国不以利为利，以义为利也。长国家而务财用者，必自小人矣。彼为善之，小人之使为国家，灾害并至。虽有善者，亦无如之何矣！此谓国不以利为利，以义为利也。

注释

①《楚书》：即《国语·楚语》。

②《秦誓》：《尚书》中的一篇。

③断断兮：专一的样子。

④休休焉：宽容的样子。

⑤彦圣：形容聪明才智。

⑥不啻：不只。

⑦娼疾：妒忌。

⑧俾：使。

⑨迸：借为“屏”，除去，驱逐。

⑩命：当是“怠”字之误。

⑪逮：及。

⑫骄泰：骄恣放纵。

⑬孟献子：春秋时鲁大夫仲孙蔑。

⑭畜马乘：有车马之家。指士人初做大夫官的待遇。

⑮伐冰之家：伐冰，冬季凿冰以备夏季使用。这是指贵族家庭。

⑯百乘之家：拥有一百辆车子的人家。指卿大夫类高官的待遇。

译文

《康诰》里说:"只有天命不固定!"治国之道好,就能得到天命;不好,就会失去。《楚书》说:"楚国没有什么可以当宝贝的,只有把善当成宝贝。"舅犯说:"亡命在外的人没有什么东西可以当成宝贝,只把仁爱亲人当成宝贝。"《秦誓》说:"如果有一个大臣,专一于一件事而没有其他技能,他很宽容,如同能宽容一切。别人有技能,就像他自己有一样,别人聪明而有才智,他心里很喜欢,如同从他自己口中说出来一样,这是真正能宽容人的。这样的人来保我子孙和黎民百姓,还很有好处呢。别人有技能,他嫉妒和厌恶,别人聪明而有才智,他却故意妨碍不让他上通于国君,这是真正不能容人的人,这样的人不能保我子孙和黎民百姓,而且还有危险。"因此仁人会把他流放,把他驱赶到四方蛮夷偏远之地,不让他居住在中原。这就是说,只有仁人能关爱人,能厌恶坏人。见到贤人不能举荐他,举荐他又不能重用他,这是怠慢;见到不善的人而不能清退他,清退他而不能使他远离,这是犯错。喜欢人们所厌恶的东西,厌恶人们所喜好的东西,这是违背人性,灾祸必将降到他的身上。

所以君子有大道,必然以忠信来获得,因骄恣放纵而失去。生财有大原则,生产的人多,吃饭的人少，制作的人快，使用的人慢，则财富会一直丰足。仁者以财富发展自身，不仁者以自身去寻求发财。没有在上位者喜好仁而在下位的人不好义的，没有喜好义而事情不最终成功的，没有府库中的钱财不是自己的钱财的。孟献子说：“养得起车马的家庭不在乎鸡和猪，能伐冰的贵族之家不养牛羊，百乘之家不养聚敛钱财的家臣，与其有这样的家臣，还不如有一个家贼。”这是说国家不以钱财之利为利，而以义为利。统治一个国家而致力于获取钱财，这主意必然出自小人。他还认为这样是好的，要是使用小人来治理国家，那么灾难和祸害都将一起到来。即便有善良的人在，也会无可奈何！这说的是国家不以钱财之利为利，而以义为利。

中庸

第一章

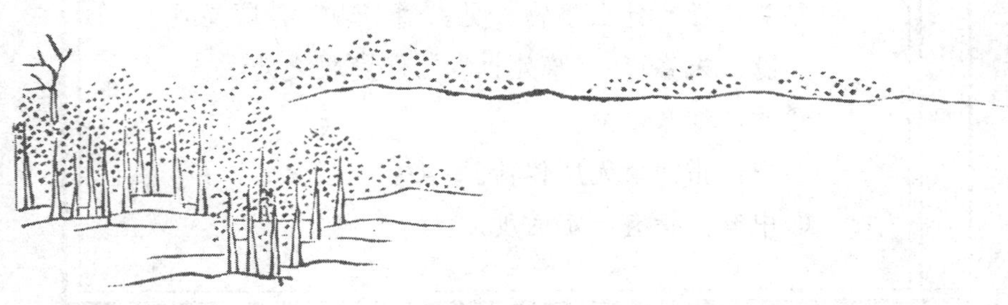

原文

天命之谓性[1]，率性之谓道[2]，修道之谓教。道也者，不可须臾离也[3]，可离非道也。是故君子戒慎乎其所不睹[4]，恐惧乎其所不闻[5]。莫见乎隐[6]，莫显乎微[7]，故君子慎其独也。喜怒哀乐之未发，谓之中[8]；发而皆中节[9]，谓之和[10]。中也者，天下之大本也；和也者，天下之达道也[11]。致中和，天地位焉，万物育焉。

注释

①命：朱熹曰："犹令也。"性：朱熹曰："即理也。"即上天所赋予的人生来所具有的天性。

②率：朱熹曰："循也。"即遵循。

道：道路，这里指规律。

③须臾：一会儿，片刻。

④戒慎：指务必谨慎。不睹：看不见的地方。

⑤恐惧：这里指敬畏、害怕。不闻：听不见。

⑥莫：没有什么事物。见：通"现"，即显现。

隐：朱熹曰："暗处也。"即隐秘之处。

⑦微：细微之处。

⑧中：指性情无所偏倚。

⑨中节：指有一定的度。

⑩和：和谐。

⑪达道：通达之道，天下最普遍的道。

译文

上天所赋予人的是人的天性，能够遵循天性的是规律，按照这种规律修身的是教。道，是不可以片刻脱离的，可以脱离的那就不是道。所以君子在别人看不到自己的地方也务必要谨慎，在别人听不见的地方也要保持敬畏之心。没有什么东西比那些隐秘的东西更容易被人看见，没有什么事情比那些细微的事情更容易显现。所以君子在独自一人的时候也要十分谨慎啊。喜怒哀乐没有发出来，这叫作“中”；发出来都符合一定的度，这叫作“和”。中，是天下的根本；和，是天下的不变规律。达到中和，天地各安其位，万物生生不息。

第二章

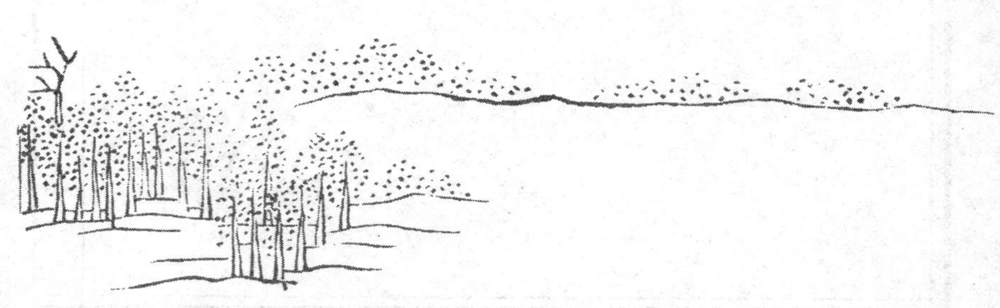

原文

仲尼曰[①]："君子中庸[②]，小人反中庸。君子之中庸也，君子而时中；小人之中庸也[③]，小人而无忌惮也。"

注释

①仲尼：即孔子。

②中庸：不偏不倚的至高法则。

③小人之中庸也：王肃本作"小人之反中庸也"。

译文

孔子说："君子行中庸之道，小人反中庸。君子行中庸之道，能时刻坚持不偏不倚；小人反中庸而行，总是肆无忌惮。"

第三章

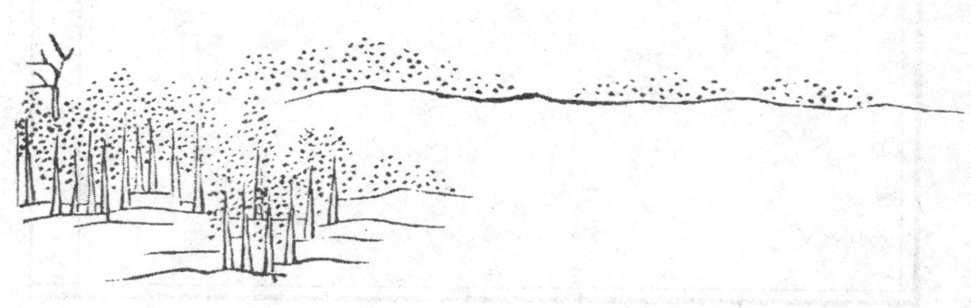

原文

子曰："中庸其至矣乎！民鲜能久矣[1]！"

注释

①鲜：少。

译文

孔子说："中庸大概是至高无上的准则吧！民众很少能走中庸之道，这种情况已经持续很久了！"

第四章

原文

子曰："道之不行也[1]，我知之矣，知者过之[2]，愚者不及也；道之不明也，我知之矣，贤者过之，不肖者不及也[3]。人莫不饮食也，鲜能知味也。"

注释

①道：这里是指中庸之道。

②知者：即智者。

③不肖：没有才华，无能。

译文

孔子说："中庸之道之所以行不通，我知道其中原因：聪明的人做过了头，愚蠢的人做得不够；中庸之道不能被彰明，我知道啊，是因为贤良的人做过了头，无能的人做得不够。人没有不吃饭的，但很少有人真正知道饭的滋味。"

第五章

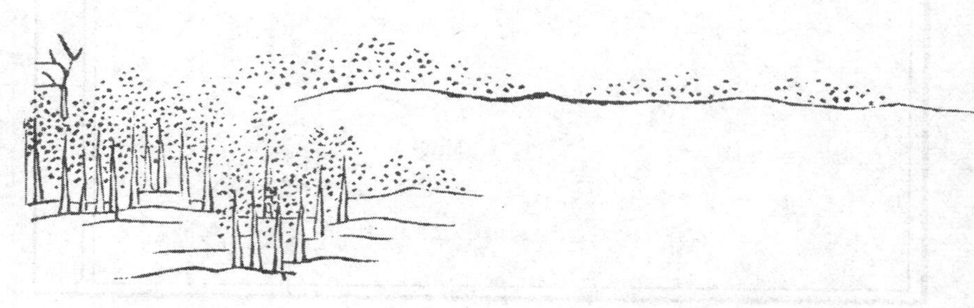

原文

子曰:“道其不行矣夫!”

译文

孔子说:“道大概不能流行了吧!”

第六章

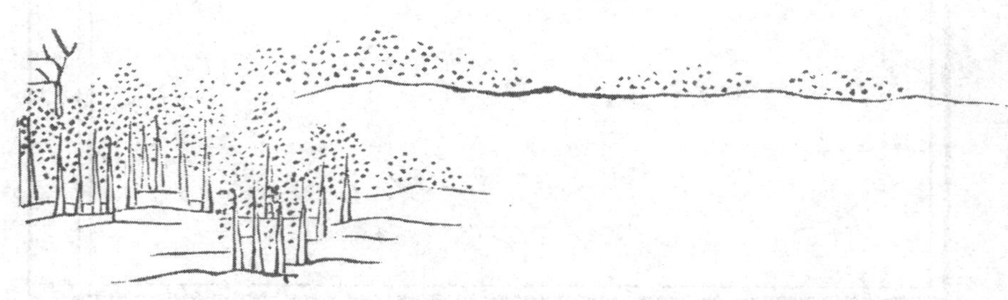

原文

子曰："舜其大知也与！舜好问而好察迩言[①]，隐恶而扬善，执其两端，用其中于民，其斯以为舜乎！"

注释

①迩言：迩，近；迩言即身边近臣之言。

译文

孔子说："舜，大概算是大智大慧之人吧！他好问，而且喜欢仔细考察身边近臣的言论。隐恶扬善，持事物之本末两端，以中庸之道来治理民众，也许这就是舜之所以为舜的原因吧！"

第七章

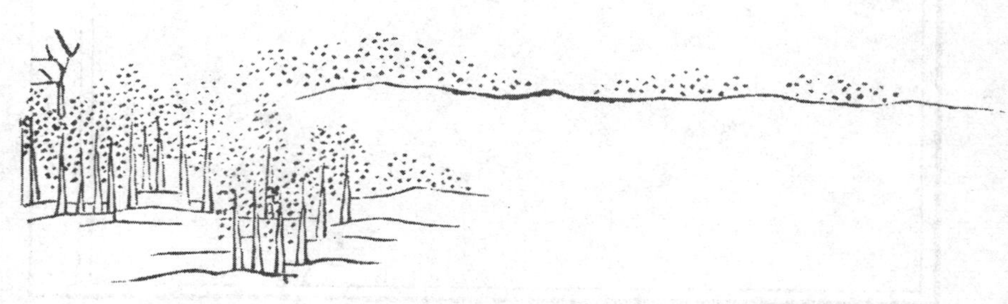

原文

子曰："人皆曰'予知'[1]，驱而纳诸罟擭陷阱之中[2]，而莫之知辟也[3]。人皆曰'予知'，择乎中庸而不能期月守也[4]。"

注释

①知：读为"智"，聪明之意。

②诸："之于"二字的合音。罟：捕兽用的网。擭huò：捕兽用的机关。

③辟：通"僻"，躲避。

④期月：一个月。

译文

孔子说："人们都说'我很聪明'，被人驱赶而进入罗网和陷阱之中，却没有人知道躲避。人们都说'我很聪明'，选择中庸之道，却连一个月都不能坚持。"

第八章

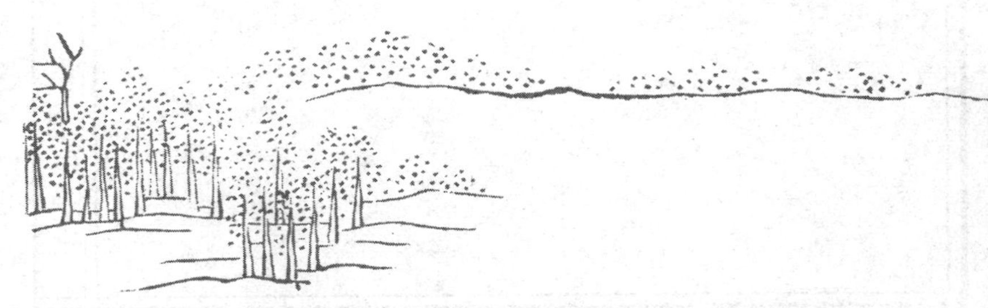

原文

子曰："回之为人也[①]，择乎中庸，得一善，则拳拳服膺而弗失之矣[②]。"

注释

①回：即颜回，孔子弟子。

②拳拳：紧握不松的样子。服膺：铭记在心，衷心信奉。

译文

孔子说："颜回这个人，选择中庸之道，每次习得一个正确的思想或道理，就会紧紧地铭记于心而不失去它。"

第九章

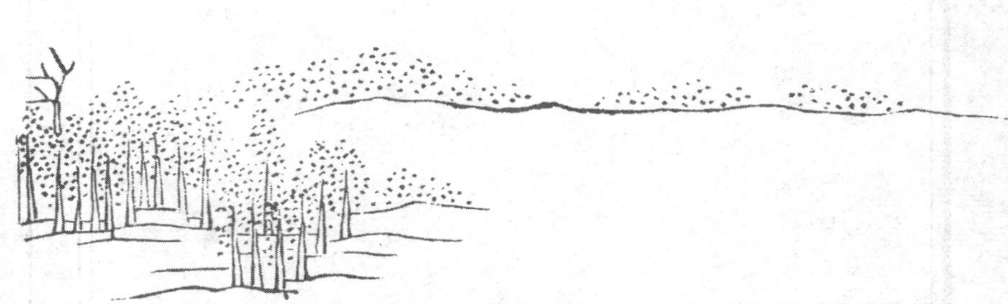

原文

子曰："天下国家可均也[1]，爵禄可辞也，白刃可蹈也[2]，中庸不可能也。"

注释

①均：平均，公平。

②蹈：踏。

译文

孔子说："天下和封国可以得到公平的治理，官爵和俸禄可以推辞，白晃晃的利刃可以去踩踏，而中庸却做不到。"

第十章

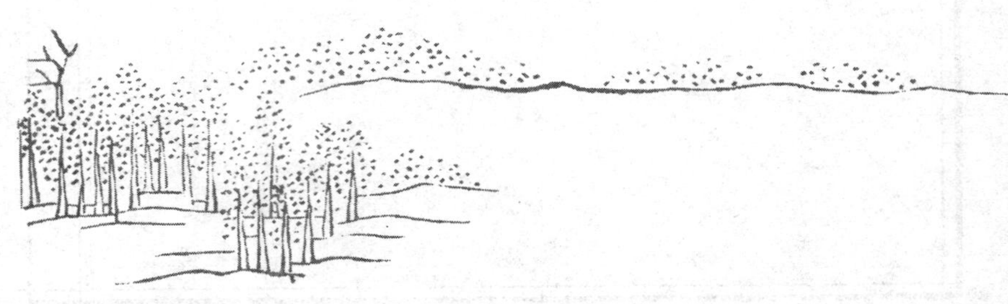

原文

子路问强[1]。子曰："南方之强与[2]？北方之强与？抑而强与[3]？宽柔以教，不报无道，南方之强也，君子居之。衽金革[4]，死而不厌，北方之强也，而强者居之。故君子和而不流[5]，强哉矫[6]！中立而不倚，强哉矫！国有道，不变塞焉，强哉矫！国无道，至死不变，强哉矫！"

注释

①子路：孔子弟子。

②与：语气词。

③抑：抑或，或者，还是。而：你。

④衽 rèn 金革：枕着兵器、穿着铠甲睡觉。衽，卧席，这里是"把……当成卧席"的意思。金，指兵器。革，皮革，指甲胄盾牌。

⑤和而不流：和睦相处而不随波逐流。

⑥矫：强健。

译文

子路向孔子询问什么是强。孔子说："你问的是南方的强？北方的强？还是你自己的强呢？以宽容怀柔来教化人们，不报复无道之人，这是南方的强；

君子居住在那里。枕着兵器，穿着铠甲睡觉，战死都不怕，这是北方的强；强者就居住在那里。故而，君子和睦相处而不随波逐流，这是强健的样子！保持中立而不偏不倚，这是强健的样子！国家政治清明的时候，不改变自己一贯的主张，这是强健的样子！国家政治混乱无道的时候，至死也不改变自己的主张，这是强健的样子！”

第十一章

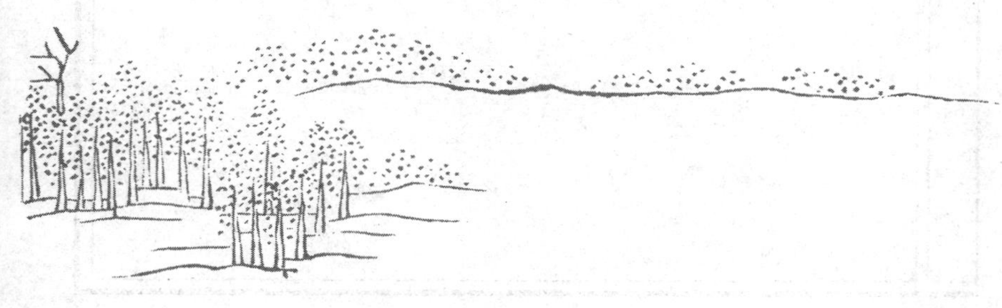

原文

子曰："素隐行怪[1]，后世有述焉[2]，吾弗为之矣。君子遵道而行，半途而废，吾弗能已矣。君子依乎中庸，遁世不见知而不悔[3]，唯圣者能之。"

注释

①素隐行怪：素，《汉书》作"索"。索隐行怪是指探索隐秘的事物，做出怪异的行为。

②述：记述。

③遁：逃遁，逃逸。

译文

孔子说："探索诡异的事物，做出怪异的行为，后世虽有称述，但我不会那样去做。君子遵循大道而行；半途而废，我不能那样做。君子依中庸之道，即使隐居不被世人所见也不后悔，这只有圣人能做到。"

第十二章

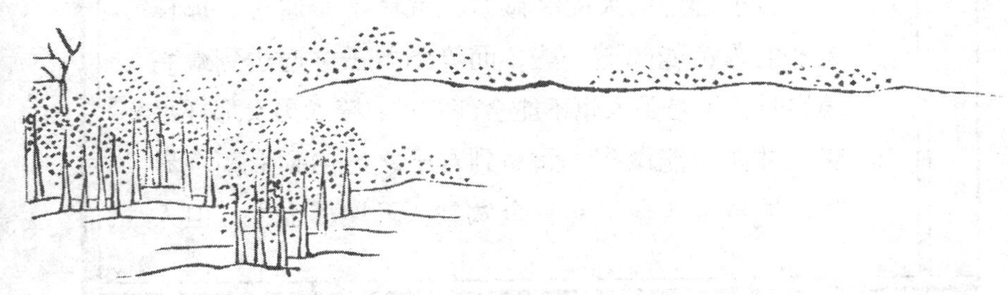

原文

君子之道费而隐[①]。夫妇之愚[②]，可以与知焉，及其至也，虽圣人亦有所不知焉；夫妇之不肖，可以能行焉，及其至也，虽圣人亦有所不能焉。天地之大也，人犹有所憾。故君子语大，天下莫能载焉；语小，天下莫能破焉。《诗》云[③]：“鸢飞戾天[④]，鱼跃于渊。”言其上下察也。君子之道，造端乎夫妇[⑤]；及其至也，察乎天地。

注释

①费而隐：广大而又隐秘和微妙。

②夫妇：指普通男女。

③《诗》：指《诗经·大雅·旱麓》。

④鸢：鹰科鸟类，俗称老鹰。戾：至，到。

⑤造端：发端，开始。

译文

君子之道广大而又微妙，就算是普通男女那样无知的人都能知道一些，而等到君子之道达到最高境界时，虽是圣人也不能全部知道；普通男女那样平庸的才能也能做到，而等到君子之道达到最高境界时，虽是圣人也不能完全做到。天地那么大，但人们仍觉得有所缺憾。所以，君子之道，说到它的广大，可以大到天下都无法承载；说小，可以小到天下无人能破开它。《诗经》说："老鹰飞到天上，鱼儿在深潭里跳跃。"说的是它们上下观察。君子之道，开始于普通人的所知所行；等到它达到最高境界时，就能够观察天地之间的万事万物。

第十三章

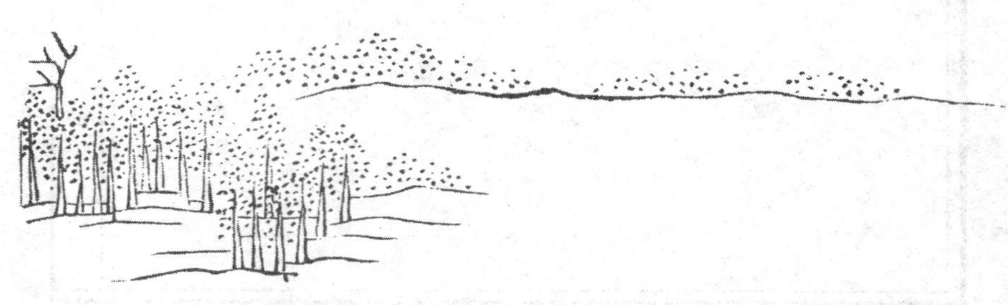

原文

子曰："道不远人。人之为道而远人，不可以为道。《诗》云[①]：'伐柯伐柯[②]，其则不远[③]。'执柯以伐柯，睨而视之[④]，犹以为远。故君子以人治人，改而止。忠恕违道不远，施诸己而不愿，亦勿施于人。君子之道四，丘未能一焉：所求乎子，以事父，未能也；所求乎臣，以事君，未能也；所求乎弟，以事兄，未能也；所求乎朋友，先施之，未能也。庸德之行[⑤]，庸言之谨[⑥]，有所不足，不敢不勉，有余不敢尽；言顾行，行顾言，君子胡不慥慥尔[⑦]！"

注释

①《诗》：指《诗经·豳风·伐柯》。

②伐柯：砍斧的柄。柯，指斧头的柄。

③则：法则，这里是指斧柄的样式。

④睨：斜视。

⑤庸德：指日常的品德。庸，平常、日常。

⑥庸言：日常的言语。

⑦胡不：即何不，为什么不。

慥慥：诚实，言行相应。

译文

孔子说："道不会远离人。人发明和践行了道，如果远离了人，那就不能算是真正的道。《诗经》里说：'斧柄啊斧柄，它的样式就在眼前。'手握着斧柄来砍削制作一个斧柄，斜着眼看一下，都觉得远。所以，君子以人的榜样来管理和教化人，直到人们改正了错误为止。忠恕这一品格距离道不远，如果有些事情施加在自己身上都不愿意，那就别施加到别人身上。君子之道有四，我连一条都没做到：按照自己对儿子的要求标准来侍奉父亲，我没做到；按照自己对下属的标准来侍奉君王，我没做到；按照自己对弟弟的标准来侍奉兄长，我没做到；按照自己对朋友的要求先来对待朋友，我没做到。平常品德的践行，平常言语的谨慎，这两方面我都有所不足，故而不敢不自我勉励啊，心有余力而不敢不竭尽全力。说话时要顾及自己的行动，行动时要顾及自己说过的话，君子为何不诚实且言行一致呢？"

第十四章

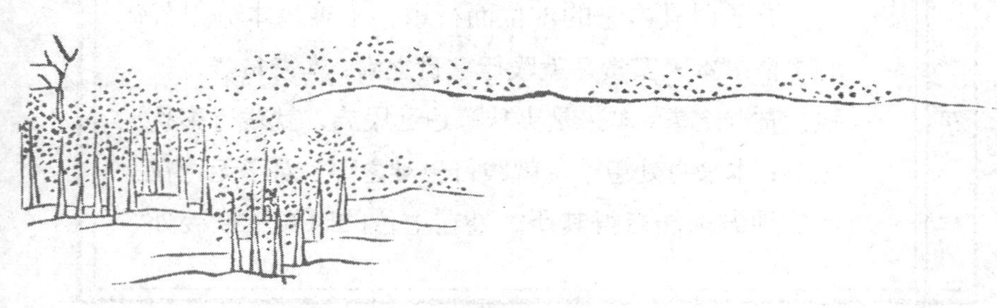

原文

君子素其位而行[1]，不愿乎其外。素富贵，行乎富贵；素贫贱，行乎贫贱；素夷狄，行乎夷狄；素患难，行乎患难；君子无入而不自得焉[2]。在上位不陵下[3]，在下位不援上[4]，正己而不求于人，则无怨。上不怨天，下不尤人。故君子居易以俟命[5]，小人行险以侥幸。子曰："射有似乎君子，失诸正鹄[6]，反求诸其身。"

注释

①素其位：以其本来之地位。

②无入：指无处。自得：指自得其所。

③陵：通"凌"，欺凌。

④援：攀援。

⑤俟：等待。

⑥正鹄：箭靶的中心。

译文

君子以其本来的地位而行事，不羡慕本分以外的事情。本来富贵，就践行富贵之事；本来贫贱，就践行贫贱之事；本来是夷狄等边远民族，就践行夷狄之事；本来身处患难，就践行患难之事；君子无论在什么地方都能自得其所。处在上位的时候不欺凌处在下位的人，处在下位的时候不巴结处在上位的人，端正自己而不求于人就会无所怨言。不怨天尤人。所以，君子居于平易的境况以等待命运，小人践行危险之事而心存侥幸。孔子说：“射箭和君子做事相似；没有射中靶心，应反过来寻找自身的原因。”

第十五章

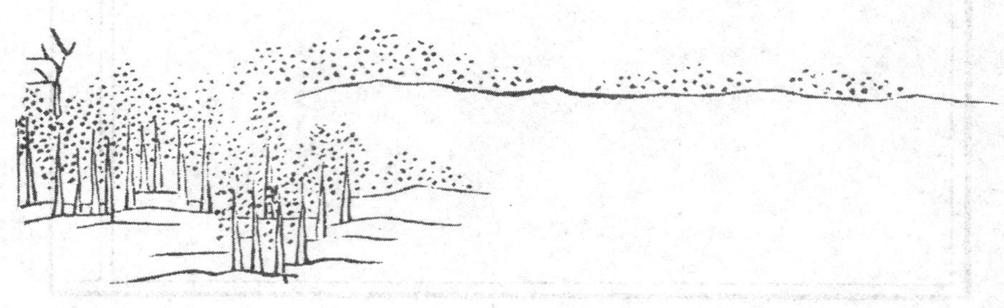

原文

君子之道，辟如行远必自迩[1]，辟如登高必自卑[2]。《诗》曰[3]："妻子好合[4]，如鼓瑟琴；兄弟既翕[5]，和乐且耽[6]；宜尔室家；乐尔妻帑[7]。"子曰："父母其顺矣乎！"

注释

①辟：同"譬"。迩：近处。

②卑：低洼之处。

③《诗》：指《诗经·小雅·常棣》。

④妻子：妻子和儿女。

⑤翕：和，这里指和睦。

⑥耽：《诗经》原作"湛"，指深厚。

⑦帑：通"孥"，子女。

译文

君子之道，好比人们走远路而必然从近处开始，登临高处必然从低处开始。《诗经》说："与妻儿和谐相处，就像弹奏琴瑟一样美好；兄弟之间和睦，和谐快乐且感情深厚；使你家庭幸福美满；使你妻儿快乐。"孔子说："这样的话，父母就会顺心了吧！"

第十六章

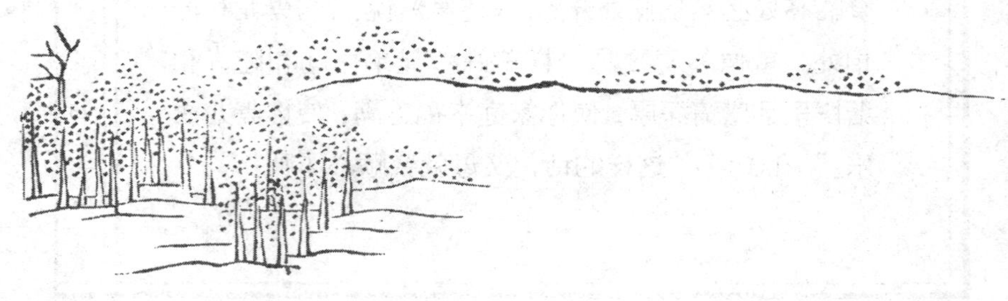

原文

子曰："鬼神之为德，其盛矣乎！视之而弗见，听之而弗闻，体物而不可遗。使天下之人，齐明盛服[①]，以承祭祀。洋洋乎[②]！如在其上，如在其左右。《诗》曰[③]：'神之格思[④]，不可度思！矧可射思[⑤]！'夫微之显，诚之不可掩如此夫！"

注释

①齐：通"斋"，指斋戒。

明：洁净，这里指沐浴。

②洋洋乎：流动充满的样子。

③《诗》：指《诗经·大雅·抑》。

④格：来到。思：语气词。

⑤矧shěn：何况。射yì：通"斁"，指厌弃。

译文

孔子说："鬼神的功德，很盛大啊！虽然看它而看不到，听它也听不到，但它体察万物而没有丝毫遗漏。使天下的人都斋戒、沐浴，穿着盛装来祭祀它。它仿佛是流动的，并且充满每个地方！上下左右无处不在。《诗经》上说：'神的来到，不可猜度！怎么能厌弃！'微妙而又显著，它是真实存在而不可掩盖啊！"

第十七章

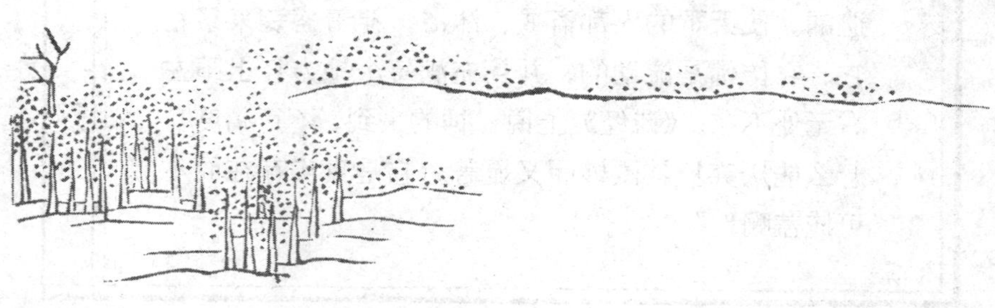

原文

子曰："舜其大孝也与！德为圣人，尊为天子，富有四海之内。宗庙飨之[①]，子孙保之[②]。故大德必得其位，必得其禄，必得其名，必得其寿。故天之生物，必因其材而笃焉[③]。故栽者培之，倾者覆之。《诗》曰[④]：'嘉乐君子[⑤]，宪宪令德[⑥]！宜民宜人；受禄于天；保佑命之，自天申之！'故大德者必受命。"

注释

①飨 xiǎng：祭祀，供奉。

②保：安。

③笃：厚。

④《诗》：指《诗经·大雅·假乐》。

⑤嘉乐：嘉美喜乐。

⑥宪宪：同"显显"，盛明的样子。令：美好。

译文

孔子说："舜帝是个大孝之人啊！其德行方面是圣人，又贵为天子，富拥天下。宗庙供奉他，子孙保持其功业。所以，有大德之人必然能得到相应的地位，必然能得到相应的俸禄，必然能得到相应的名声，必然能得到相应的寿命。所以，上天生育万物，必然因他的才用而给予他丰厚的回报。故而，该栽培的就栽培它,该倾覆的就倾覆它。《诗经》上说:‘那嘉美而快乐的君子，显著而又美好的德行！他能使人们和谐；他从上天那里获得福禄；上天保佑他，并授予他天命，这是来自于上天的重大使命！’所以，有大德行的人必然会得到上天的授命。”

第十八章

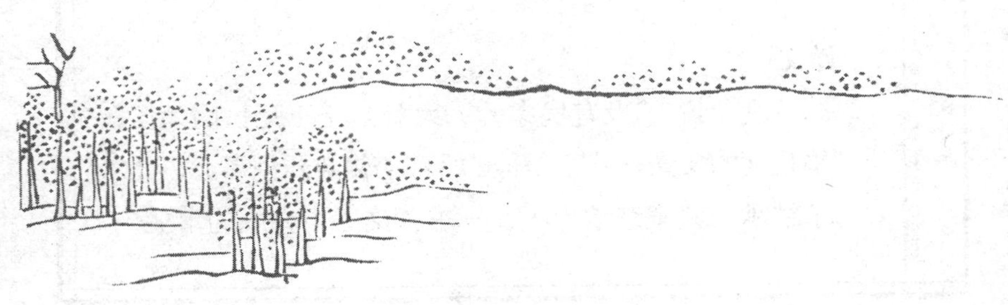

原文

子曰："无忧者其惟文王乎！以王季为父，以武王为子，父作之，子述之。武王缵大王、王季、文王之绪[①]。壹戎衣而有天下[②]，身不失天下之显名。尊为天子，富有四海之内。宗庙飨之，子孙保之。武王末受命，周公成文武之德，追王大王、王季，上祀先公以天子之礼。斯礼也，达乎诸侯大夫，及士庶人。父为大夫，子为士；葬以大夫，祭以士。父为士，子为大夫；葬以士，祭以大夫。期之丧达乎大夫[③]。三年之丧，达乎天子。父母之丧，无贵贱，一也。"

注释

①缵 zuǎn：继承。大 tài：同"太"。绪：这里是指前人未完成的事业。

②壹戎衣：一穿戎装去伐纣。

③期之丧：一年的守丧之期。

译文

孔子说："没有忧虑的，大概是文王吧！因为王季是他的父亲，武王是他的儿子；父亲开创事业，儿子继承。武王继承太王、王季、文王未完成的事业。

一穿上戎装去伐纣就拥有了天下，他不失为天下最显赫的名声。尊贵为天子，而其富拥有天下。宗庙供奉着他，子孙保守着他。武王是晚年受命的，故而周公成就了文王和武王的德行，追尊太王、王季，上以天子之礼节去祭祀先公。这种礼节，推广到诸侯、大夫、士以及平民百姓。父亲是大夫，儿子为士的，儿子当以大夫之礼安葬他的父亲，以士之礼祭祀他的父亲。父亲为士，儿子为大夫的，儿子当以士之礼安葬他的父亲，以大夫之礼祭祀他的父亲。服丧一年的礼制从平民推广到大夫，服丧三年的礼制从平民推广到天子。因为都是父母的丧礼，所以服丧没有贵贱的差别。”

第十九章

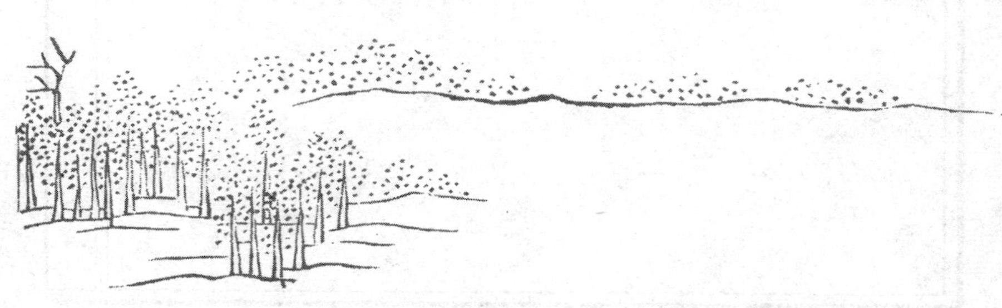

原文

子曰："武王、周公，其达孝矣乎①！夫孝者：善继人之志，善述人之事者也。春秋修其祖庙，陈其宗器，设其裳衣，荐其时食。宗庙之礼，所以序昭穆也②；序爵，所以辨贵贱也；序事，所以辨贤也；旅酬下为上③，所以逮贱也④；燕毛⑤，所以序齿也⑥。践其位⑦，行其礼，奏其乐，敬其所尊，爱其所亲，事死如事生，事亡如事存，孝之至也。郊社之礼⑧，所以事上帝也，宗庙之礼，所以祀乎其先也。明乎郊社之礼、禘尝之义⑨，治国其如示诸掌乎。"

注释

①达孝：通达之孝，指不仅对父母孝，而且要上达祖先。

②序：序次，序列。昭穆：古代宗法制度，宗庙或宗庙中神主的排列次序，始祖居中，以下父子（祖、父）递为昭穆，左为昭，右为穆。

③旅酬：亦作"旅酧"。谓祭礼完毕后众亲宾一起宴饮，相互敬酒。

④逮：及。

⑤燕毛：古代祭祀后宴饮时，以须发的颜色区分

长幼的坐次，须发白的年长者居上位。燕，通“宴”。

⑥齿：指年龄。

⑦践：指履行、践行。

⑧郊社之礼：祭祀天地之礼。周代冬至祭天称郊，夏至祭地称社。

⑨禘尝：禘礼与尝礼的并称。依据周礼，夏祭曰禘，秋祭曰尝。古代常用以指天子诸侯岁时祭祖的大典。

译文

孔子说：“武王和周公，真是具备通达之孝的人啊！所谓孝，就是要能够很好地继承前人之志，能够很好地继承前人的事业。四季祭祀之时都要修缮一下祖庙，陈设宗庙祭器，摆设祖先的衣裳，给先人献上时令水果。宗庙的礼节，是用来排列祖先的昭穆次序的；依爵位排列次序，是为了辨别贵贱等级的；以事功排列次序，是用来辨别才能的；宴饮时，下级给上级敬酒，是为了照顾到身份低贱的人；宴饮时以毛发的颜色来区分座位的次序，这是为了排列年龄。践行他的天子之位，执行先人制定的礼仪，演奏先人的音乐，尊敬先人所尊敬的人，爱护先人所亲近的人，侍奉死去的人就像侍奉他活着时一样，侍奉不在的人就像侍奉在的人一样，这是孝的最高境界。祭祀天地之礼,是用来祭祀上帝的。宗庙之礼，是用来祭祀祖先的。明白郊社之礼，明白祭祀祖先的意义之后，治理国家就像把东西放在手心里拿给人看一样容易。”

第二十章

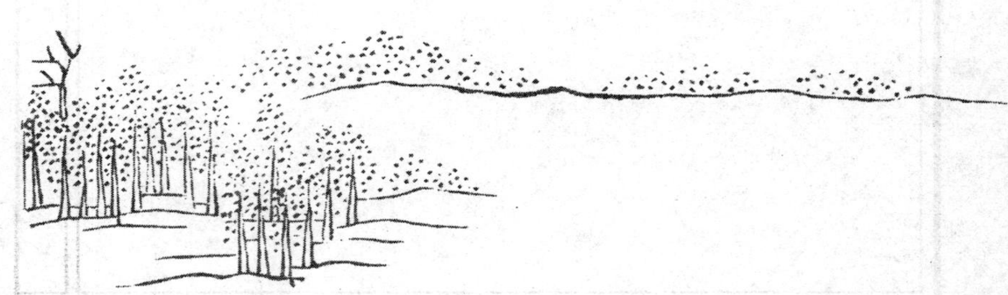

原文

哀公问政[①]。子曰："文武之政，布在方策[②]。其人存，则其政举；其人亡，则其政息。人道敏政[③]，地道敏树。夫政也者，蒲卢也[④]。故为政在人，取人以身，修身以道，修道以仁。仁者，人也，亲亲为大；义者，宜也，尊贤为大；亲亲之杀[⑤]，尊贤之等，礼所生也。在下位不获乎上，民不可得而治矣！故君子不可以不修身。思修身，不可以不事亲；思事亲，不可以不知人；思知人，不可以不知天。"

天下之达道五[⑥]，所以行之者三。曰：君臣也，父子也，夫妇也，昆弟也，朋友之交也，五者天下之达道也。知、仁、勇：三者，天下之达德也[⑦]，所以行之者一也。或生而知之，或学而知之，或困而知之，及其知之，一也；或安而行之，或利而行之，或勉强而行之，及其成功，一也。

子曰："好学近乎知，力行近乎仁，知耻近乎勇。"知斯三者，则知所以修身；知所以修身，则知所以治人；知所以治人，则知所以治天下国家矣。凡为天下国家有九经[⑧]，曰：修身也，尊贤也，亲亲也，敬大臣也，体群臣也[⑨]，子庶民也[⑩]，来百工也[⑪]，柔远人也[⑫]，怀诸侯也[⑬]。修身则道立，尊贤则不惑，亲亲则诸父昆弟不怨，敬大臣则不眩，体群臣则士之报礼重，子庶民则百姓劝，来百工则财用足，柔远人则四方归之，怀诸侯则天下畏之。

齐明盛服，非礼不动，所以修身也；去谗远色，贱货而贵德，所以劝贤也；尊其位，重其禄，同其好恶，所以劝亲亲也；官盛任使，所以劝大臣也；忠信重禄，所以劝士也；时使薄敛，所以劝百姓也；日省月试，既禀称事[14]，所以劝百工也；送往迎来，嘉善而矜不能，所以柔远人也；继绝世，举废国，治乱持危，朝聘以时，厚往而薄来，所以怀诸侯也。凡为天下国家有九经，所以行之者，一也。

凡事豫则立[15]，不豫则废。言前定则不跲[16]，事前定则不困，行前定则不疚[17]，道前定则不穷。在下位不获乎上，民不可得而治矣；获乎上有道：不信乎朋友，不获乎上矣；信乎朋友有道：不顺乎亲，不信乎朋友矣；顺乎亲有道：反诸身不诚，不顺乎亲矣；诚身有道：不明乎善，不诚乎身矣。

诚者，天之道也；诚之者，人之道也。诚者，不勉而中，不思而得，从容中道，圣人也。诚之者，择善而固执之者也。博学之，审问之，慎思之，明辨之，笃行之。有弗学，学之弗能弗措也；有弗问，问之弗知弗措也；有弗思，思之弗得弗措也；有弗辨，辨之弗明弗措也；有弗行，行之弗笃弗措也。人一能之己百之，人十能之己千之。果能此道矣，虽愚必明，虽柔必强。

注释

①哀公：春秋时鲁国国君，名蒋。“哀”为谥号。

②方策：指古代书籍文献。方，指方版。策，指竹简。

③敏政：即指迅速立政。敏，指迅速。

④蒲卢：蒲草和芦苇。这两种植物生长迅速。

⑤杀：减、降。

⑥达道：天下共通之道。

⑦达德：天下共通之德行。

⑧经：常也，这里指方法。

⑨体：体恤。

⑩子庶民：把平民百姓当子女一样对待。

⑪来百工：使各类工匠来。

⑫柔：怀柔，安抚。

⑬怀：笼络。

⑭既廪称事：既廪，即饩廪，口粮。称事，与所做的事相称。

⑮豫：同“预”，指预先准备。

⑯跲 qiè：磕巴，言语不畅。

⑰疚：忧苦。

译文

哀公向孔子咨询国家政事。孔子说："文王、武王关于国政方面的事都记录在简册等书籍上了。像文王、武王这样的人存在，其国政就能得到施行；这样的人不在了，其国政就会被废止。人的特点是迅速推行国政，土地的特点是迅速使草木生长。国政这个问题，就像蒲草和芦苇一样，得到土地的养分就能迅速生长。故而，树立国政在于人才，而选取人才在于那个人的自身素质，而提高自身素质在于道，修道在于仁爱。仁，是人的本性，以亲近自己的亲人为大；义，就是适宜，以尊敬贤人为大；亲近亲人和尊敬贤人都有亲疏高低之分，这是礼之所以产生的原因。处在下位的人得不到处于上位的人的信任，那么百姓就得不到很好的治理啊！所以，君子不可以不修养和提高自身；想到修身，就不可以不侍奉亲人；想到侍奉亲人，就不可以不知人；想到知人，就不可以不知天。"

天下的通行之道有五种，用来践行这五种通行之道的有三种德行。君臣之道、父子之道、夫妇之道、兄弟之道、朋友之交，这五种是天下通行之道。智慧、仁爱、勇敢，这三种是天下通行的德行，而践行这三种通行的德行的是"真诚"这一根本。有人是生来就知道，有人是学习之后才知道，有人遇到困惑之后才知道，等他们知道了，都是一样的。有人为了心安而去做，有人为了功利而去做，有人被勉强而去做，等他们成功了，都是一样的。

孔子说：“好学就接近有智慧了，身体力行就接近有仁德了，知道羞耻就接近勇敢了。”知道这三者，就知道怎样修身了，就知道怎样治理人民了；知道怎样治理人民，就会知道怎样治理好天下和国家了。治理天下国家大致有九种方法，是修身、尊敬贤人、亲近亲人、敬重大臣、体恤臣下、像对待子女一样对待百姓、招抚各类能工巧匠、安抚远方的人、笼络诸侯。修身就会使道树立，尊敬贤人就会不困惑，亲近亲人就会使父母兄弟没有怨言，敬重大臣就不会迷惑，体恤群臣就会得到士人的重礼回报，爱民如子就会使人们得到勉励，招抚各类能工巧匠就会使国家财用充足，安抚远方之人就会使四方人们归附自己，笼络诸侯就会使天下都敬畏自己。

斋戒、沐浴之后，穿上盛装，不在礼所规定范围内的事情不去做，这是用来修身的。摈弃谗言远离女色，轻视财货而重视德行，这是用来劝勉贤人的；使其地位尊崇，提高其俸禄，并和他的好恶相同，这是用来劝勉亲近亲人的人的。设置众多官员任由自己驱使，这是用来劝勉大臣的。提倡忠信而提高俸禄，这是用来劝勉士的。按季节时间役使并减轻赋税，这是用来劝勉百姓的。每天省察、每月考核，按所做的事情来给予口粮，这是用来劝勉百工的。送往迎来，嘉奖表现好的而怜悯无能的，这是用来安抚远方之人的。使诸侯断绝的世系得以延续，使破败的邦国再次兴起，使混乱的邦国得到治理和扶持，朝聘按时进行，使回赠给他们的礼物重于他们朝贡时带来的礼物，这是用来笼络诸侯的。治理天下国家大致有九种常用的方法，用来实行这些方法的原则，只有一个，“真诚”。

凡事预先准备就能成功，不预先准备就会荒废。言语预先准备就不会磕巴，事情预先准备就不会困窘，行动预先准备就不会忧苦。道路预先选定就不会走投无路。处在下位的人得不到在上位者的信任，那么人们就不能被治理好。要获得上级的信任有方法：自己得不到朋友的信任，就不能获得自己上级的信任。得到朋友的信任有方法：不能使亲人顺心，就得不到朋友的信任。使亲人顺心有方法：反省自己发现自己不真诚，就不能使亲人顺心。使自己真诚有方法：不明白什么是善，就不能够使自己心诚。

真诚，这是上天的准则；能做到真诚，这是做人的准则。真诚，是不用勉励都能坚持中道，不用过多思考就能得到所要的东西，从容地坚持中道，这是圣人。能做到真诚的人，选择善，并且能坚定地抓住而坚持不放弃。广博地学习，细心地求教，审慎地思考，明晰地辨别，笃实地去执行。除非不学，要学就没有学不会而放弃的；要么不问，要问就没有不问明白而放弃的；除非不思考，要思考就没有思考不出来而放弃的；要么不辨别，要辨别就没有辨不明而放弃的；要么不执行，要执行就没有不笃实而放弃的。别人做一遍就能做到的，自己做一百遍也要做到；别人十遍就能做到的，自己做一千遍也要做到。如果真能坚持这种方法，即使愚笨，也必然能变聪明；即使柔弱，也必然能变刚强。

第二十一章

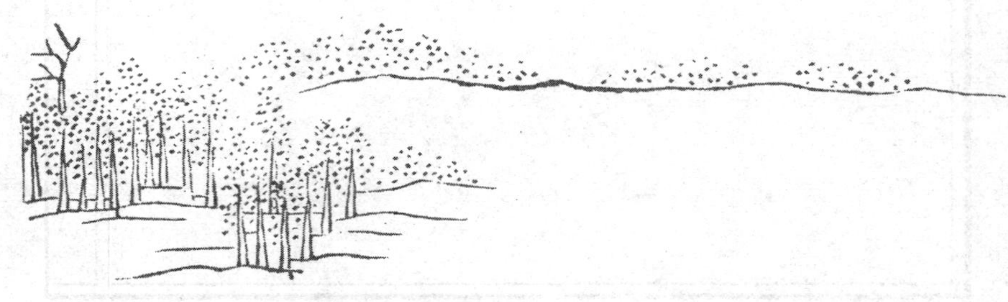

原文

自诚明[1],谓之性;自明诚,谓之教。诚则明矣,明则诚矣。

注释

①自:从,由。

译文

由内心真诚到明事理,这是天性;由明事理到内心真诚,这是教化。内心真诚就能明事理,明事理就能内心真诚。

第二十二章

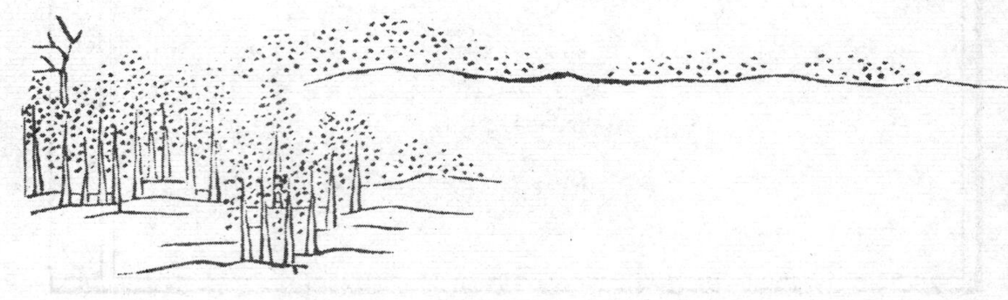

原文

唯天下至诚，为能尽其性；能尽其性，则能尽人之性；能尽人之性，则能尽物之性；能尽物之性，则可以赞天地之化育[①]；可以赞天地之化育，则可以与天地参矣[②]。

注释

①赞：助。

②参：并列，齐名。

译文

只有天下最真诚的人，能完全发挥其天性；能够发挥自己的天性，就能完全发挥别人的天性；能完全发挥人的天性，就能完全发挥万物的天性；能完全发挥万物的天性，就可以帮助天地化育万物；可以帮助天地化育万物，就可以与天地三并而立了。

第二十三章

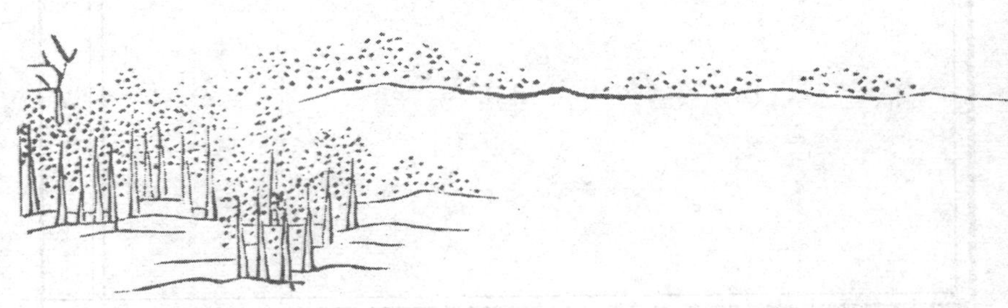

原文

其次致曲[1]，曲能有诚，诚则形，形则著，著则明，明则动，动则变，变则化，唯天下至诚为能化。

注释

①其次：这里是指比至诚要次一等的。

曲：指事物的局部和细节。

译文

比至诚次一等的是探究事物的局部和细节，探究事物的细节也能做到内心真诚，有所真诚就会表现出来，表现出来就会很显著，显著就会变得光明，光明就会引起运动，运动就会发生变化，只有天下最真诚的人能做到化育万物。

第二十四章

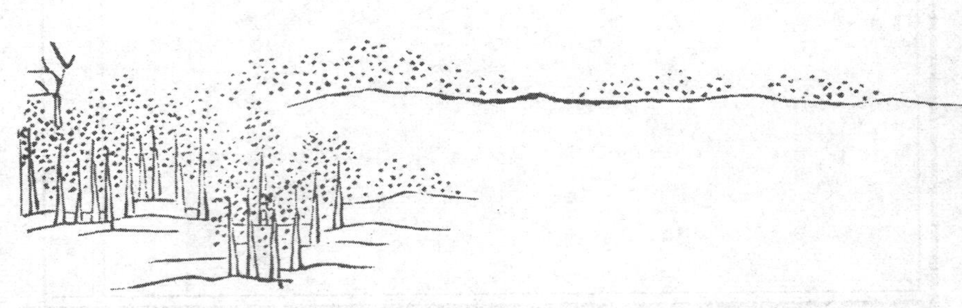

原文

至诚之道，可以前知。国家将兴，必有祯祥[①]；国家将亡，必有妖孽；见乎蓍龟[②]，动乎四体。祸福将至：善，必先知之；不善，必先知之。故至诚如神。

注释

①祯祥：吉祥的征兆。

②蓍龟：古人以蓍草与龟甲占卜凶吉。

译文

懂得至诚之道，可以提前预知事物。国家将要兴盛，必然会有吉祥的征兆；国家将要灭亡，必然会有妖孽作怪；这些征兆可以从占卜中体现出来，可以从行动中觉察出来。祸和福将要到来：吉利的，必然预先知道；不吉利的，也必然预先知道。故而，最真诚的人如神灵一样。

第二十五章

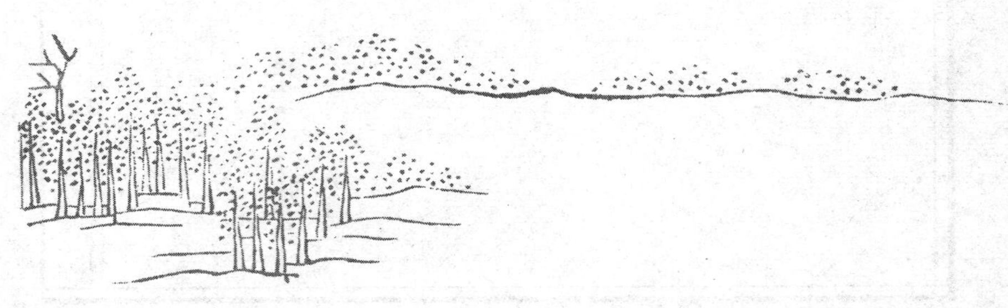

原文

诚者自成也，而道自道也。诚者物之终始[①]，不诚无物。是故君子诚之为贵。诚者，非自成己而已也，所以成物也。成己，仁也；成物，知也。性之德也，合外内之道也，故时措之宜也[②]。

注释

①终始：根本。

②时措：适时施行。

译文

内心真诚是自我成就的，而道是自我遵循的。真诚是事物的根本，不真诚就没有事物。所以，君子以真诚为贵。真诚的人并非为了自我成就，是为了成就万物。成就自己，这是仁爱；成就事物，这是智慧。天性的品德，合于内外之道，故而适时施行都很适宜。

第二十六章

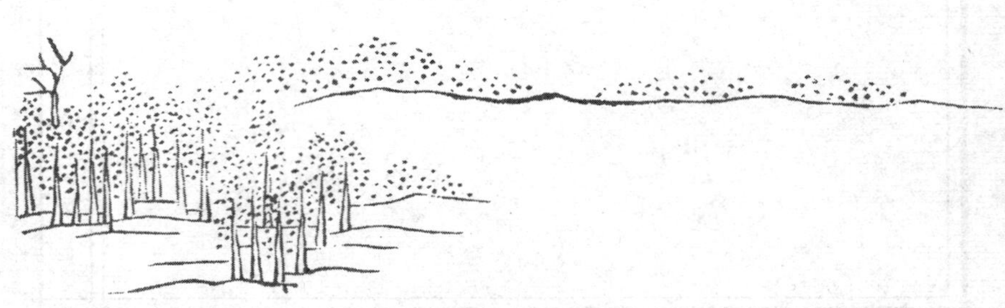

原文

故至诚无息。不息则久，久则征[①]，征则悠远，悠远则博厚，博厚则高明。博厚，所以载物也；高明，所以覆物也；悠久，所以成物也。博厚配地，高明配天，悠久无疆。如此者，不见而章[②]，不动而变，无为而成。天地之道，可一言而尽也：其为物不贰[③]，则其生物不测。天地之道：博也，厚也，高也，明也，悠也，久也。今夫天，斯昭昭之多[④]，及其无穷也，日月星辰系焉，万物覆焉。今夫地，一撮土之多，及其广厚，载华岳而不重，振河海而不泄，万物载焉。今夫山，一卷石之多，及其广大，草木生之，禽兽居之，宝藏兴焉。今夫水，一勺之多，及其不测，鼋鼍蛟龙鱼鳖生焉，货财殖焉。《诗》云[⑤]：“维天之命，於穆不已[⑥]！”盖曰天之所以为天也。“於乎不显[⑦]！文王之德之纯！”盖曰文王之所以为文也，纯亦不已。

注释

①征：验证。

②章：彰显，显著。

③不贰：即专一。

④昭昭：一点儿光明。

⑤《诗》：指《诗经·周颂·维天之命》

⑥於：叹词。穆：肃穆庄严。

⑦不显：不，通“丕”，大。丕显是指大显。

译文

故而，至诚不停息。不停息则能长久，长久则会有验证，有验证则会悠远而长久，悠远而长久则会博大而深厚，博大而深厚则会高明。博大深厚，用以承载万物；高明，用以覆盖万物；悠远而长久，用以成就万物。博大深厚和大地相配，高明和天相配，悠久无边际。像这样，看不见也能彰显，不动也能变化，无为也能成功。天地之间的规律，可以用一句话就完全概括了：它对待万物专一，则它化生万物就深不可测。天地之道，博大、深厚、高深、光明、悠远、长久。就像天，就一点点光明，待到它无穷之大时，日月星辰悬挂于其上，万物被它覆盖。就像大地，只有一小撮土，待到它广大而深厚之时，承载华山而不觉得沉重，江河、大海在它上面振荡也不会泄漏，万物都被它承载。就像大山，只有拳头大的石块，待到它广大之后，草木在上面生长，禽兽在上面居住，宝藏在上面产生。就像水，只有一勺之多，可到它浩瀚之时，鼋鼍蛟龙鱼鳖等都在里面生长，各种有价值的东西都在里面繁殖。《诗经》

上说："上天之命，庄严肃穆而不停息！"大概说的是天之所以为天的原因。"啊！大显呀，文王的德行是多么的纯厚！"大概说的是文王之所以为文王的原因，纯厚而不停息。

第二十七章

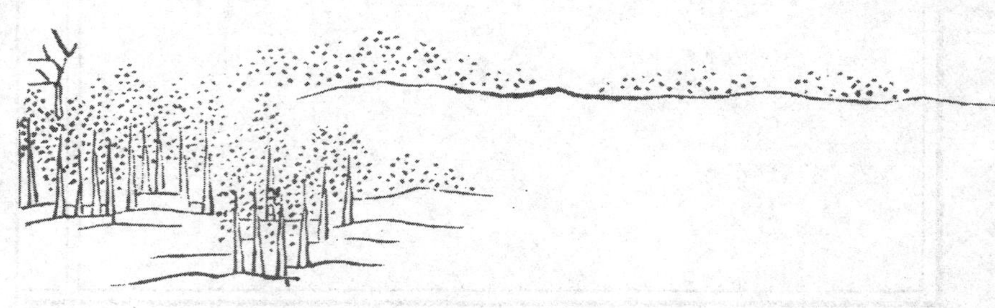

原文

大哉圣人之道！洋洋乎[①]！发育万物，峻极于天[②]。优优大哉[③]！礼仪三百，威仪三千。待其人而后行。故曰：苟不至德，至道不凝焉[④]。故君子尊德性而道问学[⑤]，致广大而尽精微，极高明而道中庸。温故而知新，敦厚以崇礼。是故居上不骄，为下不倍[⑥]，国有道其言足以兴，国无道其默足以容。《诗》曰[⑦]："既明且哲，以保其身。"其此之谓与！

注释

①洋洋乎：盛大的样子。

②峻：高大。

③优优：充足、充裕的样子。

④凝：聚集。

⑤尊德性：遵循天生的德行与本性。

道问学：走问学的道路。

⑥倍：通"背"，背叛。

⑦《诗》：指《诗经·大雅·烝民》。

译文

圣人之道伟大啊！它很盛大！生育万物，极其高大而可以和上天比肩。充裕而伟大啊！基本礼仪有三百条，具体细目有三千条。等待圣人出现而后才能践行。故而说：如果没有至高的德行，那么至高的道就不能聚集。故而，君子遵循德行和天性而走问学之道，寻求广大而穷尽精微，极其高明而走中庸之道。温习学过的知识而会有新的收获，敦厚以尊崇礼仪。所以，居于上位不能骄傲，居于下位而不能背叛；国家政治清明，则其言语足以使国家兴盛；国家政治昏暗，其沉默足以保全自己。《诗经》上说：“既英明且有智慧，可以保全自身。”说的大概就是这种情况吧！

第二十八章

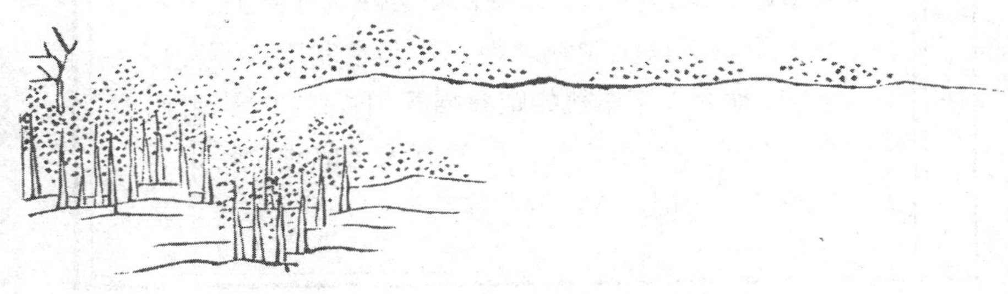

原文

子曰："愚而好自用[①]，贱而好自专[②]，生乎今之世，反古之道。如此者，灾及其身者也。"非天子，不议礼，不制度，不考文。今天下车同轨，书同文，行同伦。虽有其位，苟无其德，不敢作礼乐焉；虽有其德，苟无其位，亦不敢作礼乐焉。子曰："吾说夏礼，杞不足征也[③]；吾学殷礼，有宋存焉；吾学周礼，今用之，吾从周。"

注释

①自用：刚愎自用。

②自专：独断专行。

③杞：春秋时诸侯国，是夏的后裔。

译文

孔子说："愚蠢而喜欢刚愎自用，卑贱而喜欢独断专行，生在当今的社会里，却反过来走古人的道路。像这样的话，灾祸将会降到他身上。"不是天子，不议论制礼之事，不制定制度，不考订文字。如今天下车轨的距离相同，书写的文字相同，行为规范和伦理相同。即使有天子的地位，但不具备圣人之德，是不敢制作礼乐的；即使有圣人之德，而没有天子之位，也是不敢制作礼乐的。孔子说：“我述说夏朝的礼制，杞国不足凭证；我学习殷商的礼制，现今有宋国保存着；我学习周朝的礼制，就是今天所用的，我遵从周礼。”

第二十九章

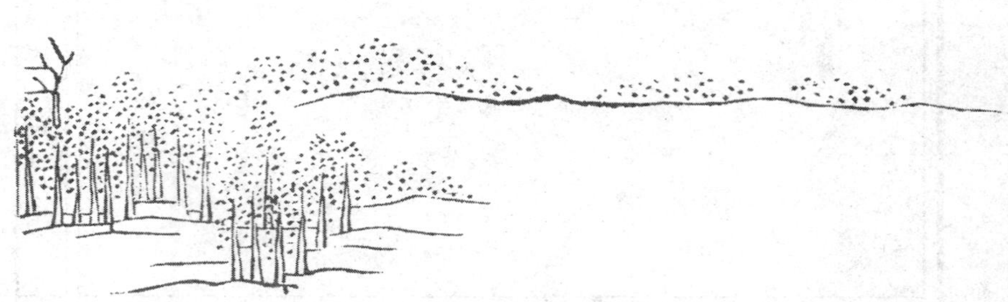

原文

王天下有三重焉[1]，其寡过矣乎！上焉者虽善无征[2]，无征不信，不信民弗从；下焉者虽善不尊[3]，不尊不信，不信民弗从。故君子之道：本诸身，征诸庶民，考诸三王而不缪[4]，建诸天地而不悖，质诸鬼神而无疑，百世以俟圣人而不惑[5]。质诸鬼神而无疑，知天也；百世以俟圣人而不惑，知人也。是故君子动而世为天下道，行而世为天下法，言而世为天下则。远之则有望，近之则不厌。《诗》曰[6]："在彼无恶，在此无射[7]；庶几夙夜[8]，以永终誉！"君子未有不如此而蚤有誉于天下者也[9]。

注释

①王 wàng：称王，统治天下。

三重：这里是指三代的礼仪。

②上焉者：指前代的礼仪。

③下焉者：后代的礼。

④缪：通"谬"，指谬误。

⑤俟：等待。

⑥《诗》：指《诗经·周颂·振鹭》。

⑦射 yì：这里指厌弃。

⑧庶几：几乎，差不多。夙夜：早起晚睡。

⑨蚤：通“早”。

译文

统治天下要重视三代的礼，大概就会少有过错吧！前代的礼虽然很好，但没有证据能证实，不能证实就没有可信度，老百姓就不会遵从；后代的礼仪虽好，但不被人们尊崇，不被尊崇就没有可信度，没有可信度，老百姓就不会遵从。所以，君子之道：以自身为根本而做起，从百姓中得到验证，对比、考查三代之王而发现自己没有错误，树立于天地之间而不背离自然，占卜于鬼神而没有疑问，百代之后等待圣人来验证也没有疑惑。向鬼神占问而无疑问，这是了解上天；百代之后等待圣人验证也没有疑惑，这是了解人。所以，君子的行动就能世代被天下人遵循，行为能世代为天下人所效法，言语能世代为天下人所视为准则。离他远则会仰望他，离他近则会不讨厌他。《诗经》上说：“在那里不被厌恶，在这里不被厌弃；几乎日夜勤奋，以永远得到人们的赞誉！”君子没有不这样做而能很早获得天下人赞誉的。

第三十章

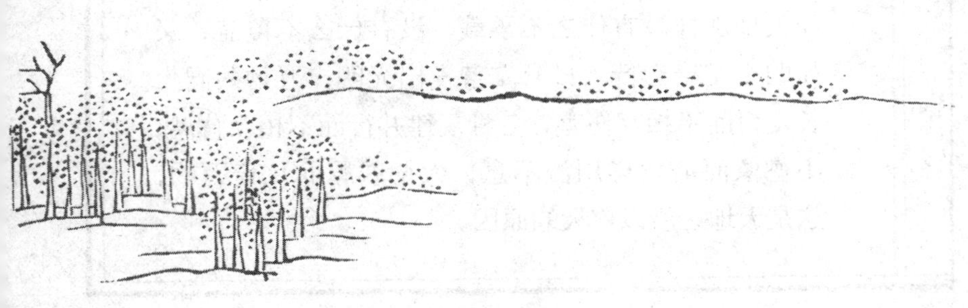

原文

仲尼祖述尧、舜[①]，宪章文、武[②]；上律天时，下袭水土[③]。辟如天地之无不持载[④]，无不覆帱[⑤]，辟如四时之错行，如日月之代明[⑥]。万物并育而不相害，道并行而不相悖，小德川流，大德敦化，此天地之所以为大也。

注释

①祖述：效法，遵循。

②宪章：效法。

③袭：因袭，因循。

④持载：承载。

⑤覆帱：亦作“覆焘”，犹指覆被。

⑥代明：指交替发出光明。代，指交替。

译文

孔子效法和遵循尧、舜、文王、武王之道；上遵天地和四时的规律，下因循河流和土地的规律。就如天地那样没有什么不承载，没有什么不覆盖；又如四季交错运行，日月交替发出光明。万物共同生长发育而不相互伤害，各种规律并行而不相互背离。小德像河流一样川流不息，大德敦厚而化育万物，这是天地之所以广大的原因。

第三十一章

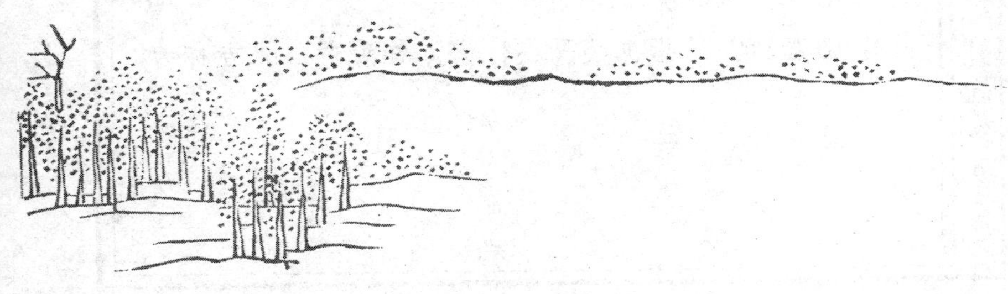

原文

唯天下至圣，为能聪明睿知，足以有临也[①]；宽裕温柔，足以有容也；发强刚毅，足以有执也[②]；齐庄中正[③]，足以有敬也；文理密察[④]，足以有别也。溥博渊泉[⑤]，而时出之。溥博如天，渊泉如渊。见而民莫不敬，言而民莫不信，行而民莫不说[⑥]。是以声名洋溢乎中国，施及蛮貊[⑦]；舟车所至，人力所通；天之所覆，地之所载，日月所照，霜露所队[⑧]；凡有血气者，莫不尊亲，故曰配天。

注释

①临：居上而临下。

②执：持，掌控。

③齐庄中正：齐，整齐。庄，庄重。中，中立。正，正直。

④文理密察：脉络清晰缜密。

⑤溥博渊泉：广阔而深厚。

⑥说：通“悦”。

⑦蛮貊：泛指少数民族，南方称为蛮，北方称为貊。

⑧队：通“坠”，坠落。

译文

只有天下最圣明之人，能既聪明睿智，又足以居上而临天下；他宽厚温柔，足以包容一切；发愤图强而又刚健果毅，足以掌控一切；整齐庄重而又中立正直，足以使人尊敬；思维脉络清晰缜密，足以与他人区别开来。其智慧广阔而深厚，适时涌现出来。广阔像天一样大，深厚像深渊一样深。老百姓看到之后没有不尊敬他的；他的话，老百姓没有不相信的；他做事情，老百姓没有不高兴的。所以他的声名洋溢于中原，传播到边远少数民族地区。凡是车船能到的地方，人力所能走到的地方，天所覆盖的地方，大地所承载的地方，日月所照耀的地方，霜露所降落的地方，凡是有血气的人，没有不尊敬和亲近他的，所以说他可以与天相配。

第三十二章

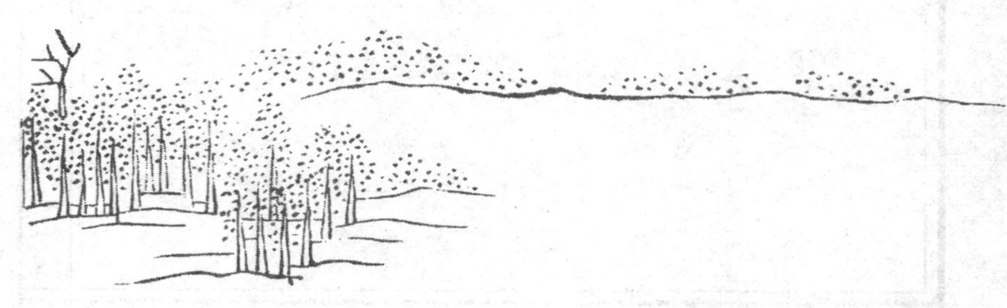

原文

唯天下至诚，为能经纶天下之大经[1]，立天下之大本，知天地之化育。夫焉有所倚？肫肫其仁[2]！渊渊其渊[3]！浩浩其天[4]！苟不固聪明圣知达天德者，其孰能知之？

注释

①经纶：经略，筹划。大经：大纲领。

②肫肫 zhūn：纯厚的样子。

③渊渊：深厚的样子。

④浩浩：浩大的样子。

译文

只有天下最真诚的人，能筹划天下的纲领，树立天下的大根本，知道天地的造化和孕育。除了至诚哪里还有什么依靠呢？他的仁爱多么纯厚！他的智慧多么深邃！他的德行像天一样浩大！若不是天生具备聪明和圣人般的智慧且能通达天德的人，谁能知道这样的道理？

第三十三章

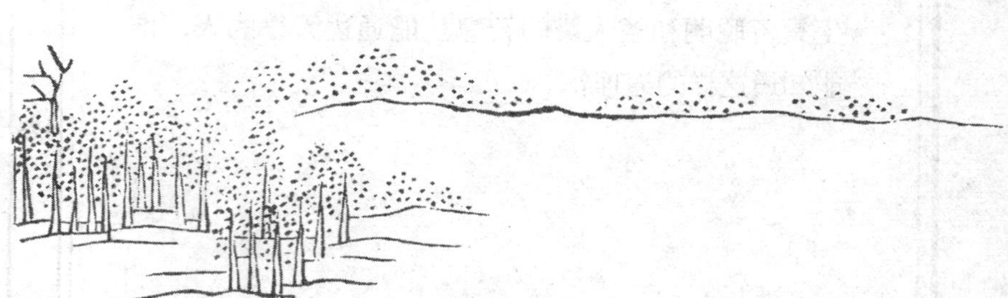

原文

《诗》曰[①]:“衣锦尚䌹[②]”，恶其文之着也。故君子之道，闇然而日章[③]；小人之道，的然而日亡[④]。君子之道：淡而不厌，简而文，温而理，知远之近，知风之自，知微之显，可与入德矣。《诗》云[⑤]:“潜虽伏矣，亦孔之昭！”故君子内省不疚，无恶于志。君子之所不可及者，其唯人之所不见乎？《诗》云[⑥]:“相在尔室，尚不愧于屋漏。”故君子不动而敬，不言而信。

《诗》曰[⑦]:“奏假无言[⑧]，时靡有争[⑨]。”是故君子不赏而民劝，不怒而民威于铁钺[⑩]。《诗》曰[⑪]:“不显惟德[⑫]！百辟其刑之[⑬]。”是故君子笃恭而天下平[⑭]。《诗》云[⑮]:“予怀明德，不大声以色。”子曰:“声色之于以化民，末也。”《诗》曰[⑯]:“德輶如毛[⑰]”，毛犹有伦[⑱]。“上天之载，无声无臭[⑲]。”至矣！

注释

①这段节选自《诗经·国风·硕人》。

②衣：指穿衣。尚：通“上”，这里指罩上外衣。䌹 jiōng：指禅衣，单层的衣服。

③闇 ān 然：隐晦深远，不易为人所见。日章：日

益彰显。

④的dì然：鲜明的样子。

⑤《诗》：指《诗经·小雅·正月》。

⑥《诗》：指《诗经·大雅·抑》。

⑦《诗》：指《诗经·商颂·烈祖》。

⑧奏假：指奏乐祈祷。

⑨靡：没有。

⑩铁钺：古代的刑具，指铡刀和斧头。

⑪《诗》：指《诗经·周颂·烈文》。

⑫不显：即丕显，指大显。

⑬百辟：指诸侯。刑：同“型”，指效法。

⑭笃恭：笃实而恭敬。

⑮《诗》：指《诗经·大雅·皇矣》。

⑯《诗》：指《诗经·大雅·烝民》。

⑰輶：轻。

⑱伦：类。

⑲臭 xiù：气味。

译文

《诗经》上说：“穿上锦衣而外罩单衣”，是嫌锦衣上的花纹过于华丽。所以，君子之道，低调却日益彰显；小人之道，鲜明却日益消亡。君子之道：浅淡而不使人生厌，简约而有文采，温和而有理智；知道远是由近开始的，知道风从何处刮来，知道由微小到明显，这样就可以和他一起进入德的境界了。《诗经》上说："虽然潜伏在水里，也能被看见！"故而，君子内心反省就不会有愧疚，也就无愧于心志了。君子所做不到的，大概也就是别人所看不见的吧。《诗经》上说："仰望屋子的西北角，没有任何愧疚。"故而，君子不动就会得到别人的尊敬，不说话就能得到别人的信任。

《诗经》上说："默默祈祷，此时没有争吵。"所以，君子不犒赏就能使民众受到劝勉，不发怒就能使民众惧怕刑罚。《诗经》上说："唯有德行能大大彰显！为诸侯所效法。"所以，君子笃实而恭敬就能使天下得到平定。《诗经》上说："我怀念光明的德行，不看重声色犬马。"孔子说："以声色来教化民众，这是细枝末节。"《诗经》上说："德行轻如鸿毛"，毛也有种类。"上天承载万物，无声无味。"这才是至高境界！